MARTINGALES ET MARCHÉS FINANCIERS

Nicolas BOULEAU

MARTINGALES ET MARCHÉS FINANCIERS

ÉDITIONS ODILE JACOB

© ÉDITIONS ODILE JACOB, JANVIER 1998
15, RUE SOUFFLOT, 75005 PARIS
INTERNET : http:/www.odilejacob.fr

ISBN 2-7381-0542-4

Ouvrage publié sous la responsabilité éditoriale
de Gérard Jorland

Avant-propos

Ce livre n'est pas un manuel pour opérateur des salles de marchés ni un ouvrage de propagande idéologique. Ce sont simplement les observations d'un mathématicien, professeur dans une grande école d'ingénieurs, qui a travaillé avec des banques sur les nouveaux produits financiers. J'ai pris part à une expérience particulière, quoique de plus en plus courante, dont je souhaite faire partager les interrogations.

Il en est une, bien naturelle, par laquelle je propose de commencer. Est-il possible de gagner vraiment de l'argent sur les marchés financiers ?

Certains prétendent que le mieux qu'on puisse faire, c'est gagner en proportion autant que le marché dans son ensemble, sauf à prendre un surcroît de risques.

Exact peut-être, mais peut-être seulement. Abandonnons ici tout espoir de certitude. Ne nous appuyons pas trop sur les réponses d'ordre général. Car il est, en économie, au moins une évidence frappante : la valeur prédictive des *théories* y est beaucoup plus faible que dans les sciences physiques.

Je pense qu'il est plus instructif d'aborder la question de manière *concrète*. En d'autres termes, la meilleure façon de pénétrer les arcanes de la finance me paraît être de se faire progressivement une opinion en entreprenant de les parcourir soi-même. J'engage donc celui qui s'y intéresse à constituer pour lui-même en blanc, sur le papier, plusieurs portefeuilles de titres, et à expérimenter sur chacun d'eux, méthodiquement, au jour le jour, ses idées quant aux principes de gestion. Sans doute lui faudra-t-il pour cela s'informer sur les cours et les suivre dans son journal, lire les commentaires sur les valeurs concernées, et s'attacher tant aux faits économiques qu'aux opinions exprimées, car l'opinion a son importance. On élargira considérablement le champ des stratégies qu'on peut tester si l'on dispose d'un ordinateur et d'un tableur usuels. Ils permettent de faire des statistiques, moyennes annuelles, mensuelles, moyennes mobiles, variances, d'étudier les corrélations entre diverses grandeurs et de les confronter à leur signification économique. Les possibilités graphiques permettent aussi de tester les déductions à caractère géométrique.

Un semblable suivi, expérimenté pendant quelques mois, apprend beaucoup de choses qui ne sont pas dans la presse financière. On tire les leçons de ses échecs et de ses réussites. On peut aller plus loin : après la gestion de portefeuilles de valeurs mobilières, entreprendre celle des matières premières ou des devises, et s'initier enfin aux produits dérivés, contrats à terme et options. Ces derniers sont les vrais instruments des prises de position : grâce à eux on peut construire différents paris sur l'avenir. En faire l'expérience ne nécessite pas l'investissement d'un abonnement à la cote instantanée, même si l'on veut mettre à l'épreuve les méthodes les plus récentes de couverture, c'est-à-dire de protection contre les risques [1].

Cette approche par la pratique présente l'avantage d'amener à traiter la finance comme un domaine ouvert, ce qu'elle est vraiment. De façon plus ou moins déformée, la finance reflète la vie sociale par l'intermédiaire des faits

---

1. Les sites Internet des *marchés organisés* (voir le glossaire *in fine*) fournissent pour la plupart un grand nombre d'informations gratuites sur les cotations.

économiques et par les interprétations que s'en font les acteurs qui interviennent en bourse. Ceux-ci traduisent leurs vues par des calculs et des modèles et il est intéressant de savoir que depuis une vingtaine d'années le fonctionnement quotidien des marchés repose, vingt-quatre heures sur vingt-quatre, sur des recherches mathématiques récentes.

De nouvelles pratiques sont apparues, et les grilles d'analyse anciennes de l'activité des financiers s'avèrent aujourd'hui mal adaptées. Précisément parce qu'il est difficile de schématiser son fonctionnement, l'importance prise par la finance dans les entreprises et dans l'économie mondiale mérite d'être examinée avec soin.

C'est évidemment un sujet hautement polémique. Il nous amène à convoquer immédiatement la justice et la morale. Dès qu'un article touche à des questions financières, le lecteur change de regard. Son bon sens lui commande d'abandonner sa naïveté, de voir le monde comme une polarisation de forces et d'intérêts. La monnaie est un substitut qui n'a pas en soi de signification propre, de sorte que la catégorie de l'argent pousse à interpréter les faits. Notre lecture des gestes les plus quotidiens renvoie aux sources mythiques de notre culture. Ainsi par exemple de la liberté des prix. Pourquoi le prix du pain aurait-il dû être libre ? Du pain, le peuple de Paris en réclamait à Mme Veto... Droits de l'homme contre liberté des prix ? Nous voilà en plein procès historique et politique. Ainsi tout au long de ce livre pourraient s'ouvrir des polémiques. Nous nous garderons de nous y embourber.

La finance est avant tout une pratique. Mais comme toute technique elle est influencée par les idées élaborées pour l'améliorer. Jusqu'à la Seconde Guerre mondiale, elle était considérée comme un domaine distinct de l'économie. Elle était enseignée de manière essentiellement descriptive, et l'on mettait l'accent sur ses aspects institutionnels et juridiques et sur les calculs d'actualisation. Durant le troisième quart du xxe siècle, elle est devenue l'objet d'une théorie économique charpentée et argumentée, avec des variantes et des controverses comme toute science en connaît. Cette évolution fut principalement le fruit de l'école économique universitaire américaine avec une contribution significative de l'école française [1]. Ainsi ont été développés : la théorie du marché efficient ; la théorie de la sélection de portefeuille ; l'analyse du risque ; les modèles de marchés, d'abord le modèle de Markowitz-Tobin, qui fait intervenir le temps de la façon la plus simple, sur une période, et le hasard par l'espérance et la variance, puis le *capital asset pricing model* qui en est une version d'équilibre, puis leurs nombreux perfectionnements...

Les praticiens de la finance ne peuvent plus aujourd'hui ignorer un large corpus conceptuel, qui utilise toutes sortes de mathématiques (probabilités et statistiques, contrôle, optimisation, etc.). Cet usage des mathématiques par l'économie financière est une question assez délicate car le souci de rigueur et de généralité qui anime les chercheurs mène à des développements analytiques très déductifs. Mais une théorie très déductive peut-elle être légitime pour une science sociale ? La mathématisation sollicite immanquablement une réflexion nouvelle sur les hypothèses qui rendent possible l'argumentation. Les économistes tentent donc de choisir le meilleur dosage de représentation symbolique suivant les questions. Il est normal d'accepter davantage de mathématiques sur des points où elles restent en connexion étroite avec les applications et l'usage des praticiens. C'est le cas de la finance.

Aujourd'hui ce que font les opérateurs sur les marchés financiers tant à Chicago qu'à Tokyo, Londres, Paris ou Singapour, avec les conséquences sur le commerce et l'économie mondiale que l'on imagine, est pensé en termes de « calcul d'Ito » et de quelques autres notions de cette branche des

---

1. Parmi les pionniers on doit citer Arrow, Debreu, Allais, Lintner, Markowitz, Miller, Modigliani, Samuelson, Sharpe, Tobin, etc.

mathématiques qu'est le calcul stochastique [1]. Du point de vue de la discipline scientifique (l'économie financière), c'est sur un point relativement mineur qu'une connexion tout à fait intime se trouve ainsi établie entre des mathématiques très avancées et la pratique des opérateurs dans les salles de marchés des institutions financières. Mais ce point s'est avéré crucial. Il s'agit de la question de l'évaluation et de la couverture des options [2], c'est-à-dire le problème du calcul de leur prix et celui de leur bonne gestion contre les risques. Sur ce point précis, une logique très forte, dont les travaux des économistes universitaires ont fourni l'argumentation, a rendu concrets et opérationnels des outils mathématiques théoriques et abstraits. Cette connexion des mathématiques et des marchés financiers permit aux mathématiciens et aux banquiers de travailler ensemble.

De nouvelles pratiques apparurent. Nous allons ici les étudier et tenter d'en dégager la portée dans certaines situations. Il m'est apparu qu'une investigation pertinente pouvait être menée sur plusieurs questions relatives au rôle des marchés financiers sans qu'il soit nécessaire de faire référence aux théories d'économie financière. Celles-ci apportent certes des éclairages utiles, et il existe de bons ouvrages en langue française [3] auxquels je renvoie volontiers le lecteur. Mais, quant à la modélisation de l'équilibre des choix des agents en présence de risques qu'on appelle la *théorie de la sélection de portefeuille*, je pense qu'elle avait pris une importance largement excessive compte tenu de la fragilité de ses hypothèses (comportement rationnel des agents et fonction d'utilité, rationalité économique de marché, et sur-

---

1. Partie de la théorie des probabilités qui concerne les processus aléatoires et les calculs où ils interviennent.
2. Voir le glossaire à la fin de l'ouvrage.
3. En ordre de technicité croissante, citons : R. Guesnerie, *L'Économie de marché*, Flammarion, Dominos, 1996 ; M. Aglietta, *Macroéconomie financière*, La Découverte, Repères, 1995 ; B. Dumas et B. Allaz, *Les Titres financiers : équilibres du marché et méthodes d'évaluation*, PUF, 1995 ; et, pour les amateurs d'anecdotes, P. Bernstein, *Des idées capitales*, PUF, 1995.

tout existence d'une même probabilité générale régissant le futur du point de vue de chacun et de tous, etc.). Aussi la réflexion que je propose sur les marchés et sur le comportement des cambistes fait-elle l'économie de ces hypothèses et de cette théorie.

***

Les nouvelles idées qui ont permis l'essor des marchés dérivés [1], et qui sont l'expression de mathématiques avancées, sont apparues aux États-Unis dans les années 1970. Mais en France la rencontre entre les banquiers et les mathématiciens ne s'est faite que vers le milieu des années 80. Cette histoire mérite d'être évoquée.

Pour prendre la mesure de la perturbation et du désarroi provoqués par cette rencontre, il faut se rappeler combien la vie intellectuelle parisienne était alors dominée par les idées de gauche. Ainsi, dans la communauté des mathématiciens français, les divers courants avaient-ils pour dénominateur commun un certain idéalisme de la discipline et une méfiance vis-à-vis des applications. Les mathématiques ne devaient pas être mises au service du complexe militaro-industriel, et devaient être refusées au nucléaire et au capital. Par son traité monumental tourné vers les mathématiques pures, Bourbaki donnait le ton.

Les applications que l'on pratiquait néanmoins, ici ou là et de plus en plus, étaient considérées comme un travail alimentaire destiné à compléter les ressources des équipes de recherche. En vérité, la pratique des applications était souvent ingrate. Rares étaient les contrats avec l'industrie qui permettaient de mettre en œuvre des mathématiques avancées ou récentes. C'est à partir des années 80 que les banques ont commencé à s'intéresser sérieusement pour leurs recrutements aux jeunes de formation scientifique,

---

1. On appelle ainsi les marchés financiers de produits dérivés (voir : Produit dérivé, Marchés organisés, et MATIF dans le glossaire).

notamment aux anciens élèves des grandes écoles d'ingénieurs, et ceci non pour les reconvertir vers le management mais pour utiliser leurs compétences mathématiques.

En 1985, un jeune ingénieur recruté par une grande banque d'affaires attira l'attention de mon équipe de recherche sur des articles de revues dont se servaient les financiers, et où trônaient en bonne place les notions de calcul stochastique fraîchement élaborées en mathématiques pures. Qu'est-ce qui pouvait bien intéresser les banquiers dans l'intégrale d'Ito sur laquelle nous travaillions depuis plusieurs années ? Était-ce sérieux ou bien n'était-ce qu'une coquetterie de scientificité comme on en rencontre parfois ?

Nous nous mîmes au travail en interne d'abord, puis, sous l'impulsion du *trader* [1] qui servait d'interprète, des relations de travail furent tissées avec les salles des marchés. Le MATIF ouvrit en 1986. Nous apprîmes que des collègues de l'Université Paris-Dauphine s'étaient déjà lancés dans l'affaire, qu'on s'en préoccupait dans plusieurs autres établissements et qu'aux États-Unis le sujet était à l'étude depuis une dizaine d'années déjà.

C'est ainsi que je pris le départ d'une aventure intellectuelle assez inattendue. Non seulement c'était sérieux en terme de recherche mais c'était un tournant historique dans les mathématiques appliquées. Cela a suscité un fort courant tant pour la recherche que pour la formation professionnelle. Évidemment, durant ces années de démarrage des mathématiques financières, les questions éthiques étaient largement débattues au sein de la communauté des chercheurs. Asseoir nos activités au cœur des temples du profit posait des problèmes de conscience. Cependant, nous étions sensibles au fait qu'il ne s'agissait pas d'une application comme les autres – modélisation puis calcul numérique – mais de la découverte d'un lien profond, une

---

1. Nom donné aux opérateurs des salles de marchés des banques qui vendent et achètent les produits, devises, actions, etc.

compréhension nouvelle, et cela nous encourageait à poursuivre, pour voir.

Le thème est largement traité maintenant dans l'enseignement supérieur de nombreux pays où il alimente un flux régulier d'étudiants. Ironie de l'histoire, il est à ce point considéré comme naturel que l'École normale, qui avait été à Paris un haut lieu de la pensée marxiste, a récemment organisé l'un des colloques internationaux les plus prestigieux sur les produits dérivés.

La lecture de ce livre ne nécessite aucune connaissance préalable en économie financière ni en mathématiques. Aucune des équations compliquées dont se servent les opérateurs sur les marchés ne figure dans le texte. J'ai cherché à mettre en relief les idées principales, à présenter leur articulation et à préciser les interrogations pendantes. Je souhaite ainsi permettre au lecteur, qui aura pris connaissance de ces relations nouvelles entre mathématiques et finance, de se mouvoir plus aisément dans ce paysage complexe et d'affiner sa propre vision des choses.

Un glossaire se trouve à la fin du livre. Il est là pour des approfondissements plutôt que pour des éclaircissements, et s'y reporter ne devrait pas être nécessaire à la compréhension du texte. S'il subsiste ici ou là des obscurités, elles sont dues à des erreurs ou des incompréhensions de ma part, pour lesquelles je demande par avance l'indulgence du lecteur.

Nous commencerons notre itinéraire par les salles de jeux et les casinos. C'est à propos des jeux de hasard en effet qu'est née la théorie des probabilités et qu'ont été forgés les outils mathématiques utilisés par la finance. De plus, cette entrée en matière correspond bien à la nature *humaine* de la finance. Le ton grave des journaux et des praticiens ne doit pas faire illusion, les joueurs des casinos eux aussi sont sérieux. Tout se passe comme si la finance était un jeu passionnant pour de vrai, mobilisant toutes les catégories mentales, ouvert aux initiatives les plus variées, et dans lequel, situation assez rare, l'intelligence est très clairement source de pouvoir. Les jeux de hasard en sont de sommaires modèles réduits. Et les mathématiques en rendent parfaitement compte.

On peut utiliser le langage mathématique du hasard pour parler des cours de bourse, ainsi que le fit Louis Bachelier au début du siècle. Le fait n'est pas évident, sauf à se rappeler la complexité des phénomènes économiques et la conception du hasard que Henri Poincaré a développée à partir des systèmes dynamiques. Restés longtemps ignorés, les travaux de Bachelier sont considérés aujourd'hui comme pionniers de la finance moderne. Ils nous permettront d'évoquer le mouvement brownien, objet mathématique central dans bien des domaines, ainsi que les processus aléatoires qui en dérivent et qu'on ne manie pas grâce aux règles de calcul différentiel habituelles (celles élaborées par Leibniz et Newton) mais avec le *calcul d'Ito*, devenu routinier dans les salles des marchés... Ainsi, malheureusement, s'accentue le caractère ésotérique des pratiques financières !

Une fois remarqué que le bénéfice d'une série d'achats et de ventes de certaines quantités d'un actif s'écrit comme *une intégrale*, c'est-à-dire comme une somme continue, nous en saurons assez pour aborder les produits dérivés dont la gestion met en œuvre ces nouvelles techniques mathématiques.

Nous arrivons ici au cœur de la problématique financière, là où se fit la révolution conceptuelle des années 70. C'est en effet par le moyen du traitement du risque et des contrats à terme que l'existence des marchés organisés a bouleversé la rationalité économique.

Selon la rationalité en usage jusque dans les années 60, lorsqu'une banque vend un titre à terme, disons à trois mois, elle propose un prix augmentant d'une marge bénéficiaire *la valeur espérée du titre*, c'est-à-dire la moyenne de ses valeurs probables dans trois mois. Elle fait donc appel à ses experts en analyse économique pour évaluer ces probabilités. Une fois le contrat de vente passé, elle ne s'en préoccupe plus que trois mois plus tard, pour voir si elle est perdante ou bénéficiaire et de combien.

La rupture épistémologique des années 70 a consisté à prendre conscience que des achats et des ventes du titre en quantités convenables durant trois mois permettent à la banque de réaliser exactement le contrat, à un montant fixe près que l'on peut calculer dès le départ. Et ce montant fixe devient nécessairement le prix du contrat à terme, car, si la transaction se faisait à un prix différent, ou bien la banque, ou bien le client, *en se servant du marché*, pourrait réaliser un profit de façon certaine. En d'autres termes, c'est le seul prix qui empêche tout arbitrage : il supprime toute possibilité de profit sans risque. Le marché exprime lui-même le hasard que l'on redoute, si bien qu'en tenant compte du marché à chaque instant on parvient véritablement à *abolir le hasard*. Il y a là un miracle mathématique. Cela permet la couverture exacte d'un contrat. En procédant ainsi une banque exploite vraiment les possibilités que lui offrent les marchés organisés qui lui fournissent continûment une cote instantanée pour vendre ou pour acheter. Le principe de la couverture des contrats est d'une logique imparable. Il a permis l'essor rapide des produits dérivés et des marchés organisés correspondants.

Il s'agit d'une nouvelle rationalité dans la gestion des risques et des anticipations financières. Elle nécessite la constitution d'un portefeuille de couverture selon une technicité assez savante. Elle accorde une place plus importante à l'information fournie par les marchés mais une place plus limitée à l'expertise des prévisionnistes. Tel est le changement qui me paraît le plus considérable : *le suivi de marché devient la réalité objective prépondérante.*

La connaissance du fonctionnement des marchés

financiers et de l'attirail mathématique qu'ils utilisent permet-elle de jeter sur le dossier général de la spéculation financière un regard différent ? Il s'agit de pratiques de nature hétérogène quoique sans frontières nettes entre elles. Une image convient assez bien : on peut résumer l'évolution récente en disant que la finance est devenue *un secteur de pointe*. Comme dans les industries de pointe telles l'informatique et le génie génétique, la scientificité de la démarche est une condition des profits. Et, en finance comme dans ces secteurs, la science est fécondée en retour par la pratique. Tout cela conduit nécessairement à des problèmes éthiques qu'il faut expliciter.

Dans le dernier chapitre, j'aborde le thème de l'élargissement récent des pouvoirs financiers et de la légitimité de cette évolution. La mise en place des marchés dérivés y a joué un rôle déterminant. Ils sont à l'économie ce que les médias sont à l'opinion. On ne peut pas ne pas tenir compte de ce qu'ils disent. Quant aux modalités d'exercice de ce pouvoir, elles sont caractérisées par l'absence d'inertie et les cassures brutales comme celles de matériaux fragiles. En comparaison des procédures d'élaboration des décisions, soumises à des rapports de forces politiques, dans les domaines de l'aménagement du territoire ou de l'environnement, les pouvoirs financiers me paraissent s'exercer actuellement de façon assez sauvage dans la mesure où des causes relativement futiles peuvent avoir des conséquences d'une grande ampleur. On veut espérer que la construction européenne sera une occasion privilégiée d'expérimentation et d'amélioration à cet égard.

Que mes collègues de l'Université, de l'EHESS, et les chercheurs du LATTS et du centre de mathématiques de l'École des Ponts soient ici remerciés pour les échanges d'idées auxquels ils se sont prêtés, ainsi que les praticiens des salles des marchés qui ont bien voulu accepter le risque de perdre un temps précieux à discuter mathématiques. Ma gratitude va aussi particulièrement à Patrick Pouyanne pour ses critiques et suggestions.

Première partie

MARTINGALES

I - *Le hasard au casino*

Il gagne toujours, hier déjà je l'ai remarqué. Il a sans doute une martingale, et je joue toujours comme lui [...] Hier aussi il a toujours gagné, seulement j'ai commis la faute de continuer à jouer lorsqu'il est parti : ce fut ma faute...

Stefan Zweig,
Vingt-quatre heures de la vie d'une femme.

LA PASSION DU JEU

« Pardonne-moi, mon ange, mais je veux te donner quelques détails au sujet de mon entreprise, afin que tu voies clairement quel est l'enjeu de la partie. Voici : plus de vingt fois j'ai expérimenté en me mettant à jouer que, si l'on procède avec sang-froid, avec calme et avec méthode, il n'y a pas moyen de perdre. Je te le jure, pas moyen ! Là un hasard aveugle, ici ma méthode. »

Ainsi écrit Dostoïevski à Anna Grigorievna Snitkine. Il vient de l'épouser après la mort de sa première femme, et ils sont en voyage de noces. Il l'a laissée à Dresde et il est parti seul à Hombourg pour jouer au casino.

Pourtant, dans *Le Joueur*, quelques mois auparavant, l'écrivain analysait la fascination du jeu avec pénétration.

Non seulement Dostoïevski n'a pas perdu ses illusions au cours de ce travail, mais il entraîne sa jeune femme dans le roman lui-même. Elle en connaît d'ailleurs tous les détails car elle l'avait pris en sténographie et c'est ainsi que l'amour est né entre eux. Aujourd'hui, elle est à la fois indulgente et inquiète. Plusieurs lettres [1] lui ont décrit dans le détail comment Fedia avait déjà perdu l'argent qu'il avait emporté, celui qu'elle lui avait envoyé et le gage de sa montre. « Par conséquent, j'ai cet atout en réserve. Mais comment se sont passées les choses d'ordinaire ? » continue-t-il, et Dostoïevski d'expliquer que la passion est venue, qu'il n'a pas su la maîtriser, et qu'il n'a donc pas pu appliquer sa méthode. « Mon sang-froid s'économisait, mes nerfs s'excitaient, je commençais à risquer, je me fâchais, je misais sans calculer et perdais, car tout homme qui joue sans calcul, au hasard, est un fou. » Cette phrase d'un des plus profonds psychologues de la littérature est d'une actualité saisissante. Lorsqu'il écrit qu'il ne faut pas jouer au hasard aux jeux de hasard, il énonce l'une des problématiques clef de l'économie et de la finance contemporaines. Mais, en disant à sa bien-aimée qu'il joue gros et s'enflamme parce qu'il l'aime et qu'il veut la retrouver au plus vite, il ne fait pas autre chose que de la prendre au piège dans lequel il se trouve : « J'ai fait des efforts surhumains pour rester pendant toute une heure calme et méthodique et le résultat a été que j'ai gagné trente frédérics d'or, donc trois cents florins. » Ils seront vite perdus, et bien d'autres. Anna devra endurer plusieurs fausses annonces de retour, faire des démarches humiliantes auprès des banquiers pour lui envoyer l'argent dont il a soi-disant besoin pour le voyage, et également dans d'autres villes.

Fiodor Mikhaïlovitch cessa vraiment et définitivement de jouer au bout de quatre ans, comme si le plaisir du jeu

---

1. Voir *Dostoïevski à la roulette*, trad. fr. R. F. Miller et F. Eckstein, Gallimard, 1926, d'où sont extraits les passages cités.

avait disparu, ou s'était changé en amertume. Il écrivit en 1871 : « J'étais enchaîné par le jeu ; je ne vivrai plus désormais que pour mon travail, mes nuits ne se passeront plus à rêver de martingales infaillibles. »
Il tint parole.

LES MARTINGALES DES JOUEURS

Que sont ces *martingales* qui alimentent comme des fantasmes l'asservissement des joueurs au jeu ? Le mot vient des « chausses à la martingale », sorte de culottes pouvant s'ouvrir par-derrière comme en portaient les habitants de Martigues en Provence. M. Littré nous apprend que, dans sa bravoure, le roi François Ier « avait une complexion en luy, que toutes les fois qu'il vouloit venir au combat, il falloit qu'il allast à ces affaires et descendist de cheval pour les faire ; et pour ce portoit ordinairement des chausses à la martingale, autrement à pont levis » et que le terme est passé au jeu par métaphore d'après la bifurcation d'une courroie de harnais qu'on appelait martingale. Il est probable que le succès de cette expression vient de ce qu'elle désigne aussi, depuis le xvIII^e siècle, un pli pincé dans le dos des manteaux qu'on ne voit pas de face et qui évoque une sorte de botte secrète, connue du joueur uniquement et qui est, pour les autres, la raison de sa persévérance.

La plus ancienne martingale mentionnée est le doublement de la mise. Supposons un jeu de roulette équilibré, c'est-à-dire sans zéro ni taxe quelconque, tel que nous pourrions l'appeler un « casino pur [1] ». En jouant sur une catégorie qui partage les résultats en deux, passe, manque, pair,

---

1. Un tel jeu est caractérisé par le fait qu'à chaque coup *l'espérance mathématique* du gain de chaque joueur est nulle. L'espérance mathématique, introduite par Pascal et Fermat, est la somme algébrique des gains et des pertes pondérés par leur probabilité.

impair, noir, rouge, on a une chance égale de perdre ou de gagner le montant déposé pour la mise. Si, tant qu'on perd, on double la mise sur une de ces catégories, il est aisé de deviner que, lorsqu'on viendra à gagner, le gain compensera toutes les pertes depuis le début et apportera en outre un bénéfice égal à la mise initiale. Comme il est de bon sens qu'au bout d'un certain temps on gagnera – et la théorie des probabilités peut le confirmer –, cette méthode nous donne la certitude de gagner. On peut aussi attendre que soient tombés dix fois pair successivement pour jouer impair. Ou encore, si l'on pense qu'on a des périodes de chance dont il faut profiter, doubler la mise quand on gagne, et la diviser par deux quand on perd. Maintenant, une autre façon de prendre les choses consiste à tenter de tenir longtemps en jouant la même petite somme chaque fois et, comme on sait que la fortune des joueurs est oscillante, avoir la patience d'attendre qu'on ait regagné ses pertes plus la mise initiale et s'arrêter là. C'est une méthode qui gagne à coup sûr comme le doublement de la mise.

Toutes les martingales ont un défaut. Tantôt elles reposent sur des suppositions erronées, comme l'idée sous une forme ou sous une autre que les parties jouées peuvent influencer celle qui va commencer, alors que évidemment la bille de la roulette n'a pas de mémoire. Tantôt elles dissimulent derrière des principes corrects des difficultés pratiques dirimantes comme le doublement de la mise qui, dès qu'une série de malchances est un peu longue, ruine les plus confiants, implacablement.

La sagesse que la théorie des probabilités peut nous donner vis-à-vis du jeu est difficile à enseigner car les martingales sont innombrables et diverses. J'ai fait mes premières armes de jeune professeur auprès d'élèves ingénieurs des Ponts et Chaussées. J'étais convaincu alors que, pour qu'ils puissent assumer pleinement leurs responsabilités face aux risques naturels (de crues, d'avalanches, etc.), il fallait les vacciner contre le jeu par une pratique directe du hasard. Je les interrogeai donc en les numérotant et en tirant leur numéro au hasard. L'injustice du procédé était instructive, puisqu'à la fin du semestre certains étudiants n'avaient jamais été interrogés tandis que d'autres étaient passés plusieurs fois au tableau. Fort de cette expérience, j'organisai ensuite des travaux pratiques où, grâce à l'informatique, chaque étudiant disposait d'un casino artificiel, d'une fortune initiale et d'une panoplie de martingales dont il devait découvrir les faiblesses respectives. Ce fut une catastrophe pédagogique! Lorsque le nombre d'étudiants est d'une cinquantaine ou plus, il ne manque pas de se produire que l'un d'entre eux gagne de façon si insolente que tous en concluent qu'il a un don exceptionnel. L'affaire tourne à la farce et le rationnel a bien du mal à reconquérir ses droits!

Il semble plus aride mais il est plus convaincant de mener une étude mathématique détaillée des principales martingales connues ou envisageables. C'est ce qu'ont fait les probabilistes Dubins et Savage [1], même si diverses martingales plus subtiles et perfectionnées échappent à l'analyse. Quelle leçon pouvons-nous tirer de ces déconstructions de martingales? Essentiellement, qu'il n'y a pas de voie sans défauts pour obtenir un gain au jeu. Mais cette réponse est insuffisante, l'économie comme la vie en général nous met en situation de jeu aléatoire. Puisque nous pouvons avoir à jouer sans être joueur, il est intéressant – étant admis qu'il n'y a pas de stratégie gagnante – de savoir s'il y a des façons dangereuses ou maladroites de jouer et ce qui différencie les diverses stratégies.

Pour aborder cette question il nous faut encore recourir aux mathématiques : nous allons évoquer les idées saillantes sur le hasard et ses jeux. Elles sont apparues sous leur forme actuelle en économie à propos de la bourse lors

---

1. L. Dubins et J. L. Savage, *How to gamble if you must*, McGraw-Hill, 1965.

de travaux pionniers de Louis Bachelier qui nous introduiront au mouvement brownien et à ces processus aléatoires équilibrés qu'on appelle, par une évolution intéressante du mot martingale, les martingales mathématiques.

II - *La Bourse et les probabilités*

Alice en arriva à conclure que c'était là, vraiment, un jeu très difficile, les joueurs jouaient tous en même temps sans attendre leur tour...

Lewis CARROLL

ÉCONOMIE ET HASARD

La bille que le croupier jette sur la roulette est animée d'un mouvement bien déterminé, chaque bond et chaque choc est gouverné par les lois de la mécanique, mais leur succession est d'une si grande complexité que, finalement, la case dans laquelle elle s'immobilise est au hasard, et que les gains des joueurs au gré de leurs paris sont régis par les lois du calcul des probabilités.

Les acteurs économiques sont nombreux et jouent tous en même temps, l'un achète pour vendre ici même, un autre pour exporter, l'un emprunte pour s'équiper, un autre investit ses propres fonds... de sorte que les cours des actions, les devises et les indices s'agitent en permanence. Les pages financières de nos quotidiens nous ont habitués à ces diagrammes escarpés comme des silhouettes de sommets rocailleux. Ce chahut est-il aléatoire? *A priori* non, chaque agent économique est un décideur ayant des exigences

précises et poursuivant des objectifs bien définis. Mais le
nombre des intervenants, la diversité de leurs intérêts, la
complexité de leurs interactions sont tels qu'il est raisonnable de considérer que leurs effets sur les cotations boursières font intervenir les lois du hasard.

Historiquement on a su calculer les probabilités avant
d'approfondir et d'élucider la notion de hasard. Depuis
Pascal et Fermat au XVIIe siècle jusqu'à Laplace et Poisson
au XIXe en passant par Huygens (*De rationibus in ludo alea*,
1657), Jacques Bernoulli (*Ars conjectandi*, 1713) et Abraham
de Moivre (*The Doctrine of Chances*, 1718), des raisonnements et des calculs de plus en plus fins sont menés pour analyser les jeux, dénombrer les cas possibles et les cas favorables, répartir équitablement les mises d'une partie
inachevée (problème des partis), évaluer les tendances
asymptotiques lors d'un grand nombre d'expériences, pour
fonder une science du « motif de croire », selon l'expression
de Condorcet [1], ainsi que le début d'une théorie de l'inférence
statistique avec Gauss et Laplace [2]. Mais on ne s'interrogeait
pas vraiment sur la genèse des phénomènes aléatoires.

On peut attribuer à Henri Poincaré la compréhension
de la nature véritable du hasard comme le résultat des effets
produits par un ensemble cumulatif de causes nombreuses.
Par l'analyse d'exemples (chute d'un objet en équilibre,
météorologie, distribution des petites planètes sur le
zodiaque, jeu de la roulette, théorie cinétique des gaz,
gouttes de pluie) et par sa lumineuse explication mathématique du battage des cartes et de la répartition des décimales
des tables de logarithmes [3], il montre que le hasard est le
résultat de l'évolution d'un système sensible aux petites perturbations, sujet qu'il approfondira de façon magistrale
dans son œuvre, ouvrant la voie à un des thèmes les plus

---

1. Voir R. Rashed, *Condorcet, Mathématique et Société*, Hermann, 1974.
2. *Théorie analytique des probabilités*, 1812, et *Essai philosophique sur les probabilités*, 1814.
3. H. Poincaré, *Calcul des probabilités*, Carré et Naud, 1896.

importants de la science contemporaine : la compréhension des phénomènes chaotiques [1].

Ainsi donc, même si chaque agent économique prend ses décisions de manière déterministe, il n'est pas déraisonnable de considérer que l'évolution des cours, qui traduit les fluctuations de l'offre et de la demande entre des agents nombreux et soumis à des contraintes variées, est un phénomène où le hasard intervient et présente une certaine analogie avec ce qu'on observe au casino. C'est le Français Louis Bachelier qui, le premier semble-t-il, proposa de modéliser les cours de la bourse et de donner des estimations des achats à terme par des raisonnements probabilistes fondés sur le jeu [2].

LES IDÉES DE LOUIS BACHELIER

Dans sa thèse soutenue en 1900, il propose une théorie de ce que nous appellerions aujourd'hui « l'évaluation des options », c'est-à-dire des achats ou ventes à terme sous la condition que le cours soit au-dessus ou en dessous d'une valeur fixée [3]. De telles opérations apparaissaient déjà en bourse, ainsi que d'autres transactions conditionnelles que Bachelier étudie également. L'hypothèse principale sur laquelle se fonde son argumentation est que le cours d'un actif fixé par le marché se présente mathématiquement comme la fortune (le gain algébrique cumulé) d'un joueur à un jeu de hasard. Par un raisonnement infinitésimal, qui revient à dire que les accroissements du cours durant les

---

1. Voir I. Ekeland, *Le Chaos*, Flammarion, Dominos, 1995.
2. Je ne pense pas que la modélisation des cours par des processus aléatoires soit la seule qui mérite d'être étudiée. Je lui accorderai une place privilégiée car elle est riche d'enseignements et de possibilités d'expression de la réalité mais, par exemple, les représentations où des dynamiques déterministes chaotiques et le pur hasard sont présents en même temps font l'objet de recherches.
3. Nous reviendrons plus loin (partie II) sur la notion d'option que nous expliciterons d'avantage.

instants successifs sont indépendants, il obtient une équation aux dérivées partielles qu'il appelle « équation du rayonnement de la probabilité » formellement identique à celle qu'avait obtenue Joseph Fourier près d'un siècle auparavant pour décrire la propagation de la chaleur dans les corps homogènes. Selon ces calculs, la probabilité qui régit le cours dans l'avenir est représentée par une courbe en cloche de Gauss de plus en plus aplatie, dont l'écart type s'accroît comme la racine carrée du temps compté à partir d'aujourd'hui. Ces formules, que Bachelier approfondira dans ses travaux ultérieurs, sont celles du mouvement brownien mathématique, dont il se trouve être par conséquent l'un des pionniers.

Henri Poincaré était membre du jury de thèse ; son rapport peu enthousiaste montre combien il était partagé. D'un côté, l'expression mathématique de Louis Bachelier était très imparfaite et la rigueur souvent malmenée. Ce sera aussi l'avis de Kolmogorov lorsqu'en 1931 il contribuera à sortir Bachelier de l'oubli en se référant à lui comme initiateur de la théorie des processus aléatoires « à mémoire instantanée » en temps continu – ou processus de Markov – et fera le lien avec l'équation de Fokker-Planck des physiciens [1].

On sait aujourd'hui que les raisonnements de Bachelier peuvent donner des résultats différents, si bien que la critique de son absence de rigueur n'est pas ici purement académique. Bachelier empêche de voir qu'on peut sortir des hypothèses de la théorie des erreurs de Gauss. En revanche, Poincaré avait passé au crible d'une analyse fine l'usage de la distribution normale (ou loi de Gauss) et de la méthode des moindres carrés qu'elle permet de justifier. Il écrit dans son cours : « Tout le monde y croit parce que les mathématiciens s'imaginent que c'est un fait d'observation et les observateurs que c'est un théorème de mathématiques. » Poincaré n'était pas à même de décrire à cette époque ce

---

1. A. N. Kolmogorov, « Über die analytischen Methoden in der Wahrscheinlichkeitsrechnung », *Mathematische Annalen*, 1931.

que l'addition de petites grandeurs aléatoires indépendantes pouvait engendrer comme autres lois que la loi de Gauss – ce résultat ne sera établi que plus tard, dans les années 30, par Lévy et Khinchin –, mais il connaissait des exemples et avait la preuve que les hypothèses gaussiennes pouvaient réellement n'être pas vérifiées [1].

D'un autre côté, l'obtention d'une « loi du rayonnement de la probabilité » par un raisonnement utilisant des parties avec des mises infinitésimales ne pouvait que plaire à Henri Poincaré tant c'était dans l'esprit de l'analyse de la notion de hasard qu'il déduisait de ses travaux sur les systèmes dynamiques [2]. Mais le traitement sommaire d'un sujet délicat est souvent ce que les scientifiques parviennent le moins à pardonner.

PROCESSUS AYANT LA PROPRIÉTÉ
DU CENTRE DE GRAVITÉ

Pour modéliser la bourse, Bachelier considère que « le marché ne croit, à un instant donné, ni à la hausse ni à la baisse du cours vrai ». En conséquence, la prédiction se présente comme un jeu de hasard. Sans apporter d'autre justification qu'une bonne vraisemblance intuitive, il ajoute que « l'espérance mathématique du spéculateur est nulle ». Mais cela revient à dire beaucoup plus, car c'est affirmer non seulement qu'il y a incertitude quant à la hausse ou la baisse, mais qu'elle peut se quantifier exactement : si l'on pondère les valeurs du cours à un instant ultérieur par leur probabilité, le *centre de gravité* de la répartition obtenue est la valeur présente.

Ce faisant, il introduisait en mathématique une notion

---

1. Il cite explicitement le cas d'erreur suivant la loi de Cauchy dans son cours de *Calcul des probabilités, op. cit.*
2. Cela se reliait également à ses travaux de théorie du potentiel, notamment sa *Théorie analytique de la chaleur*, publiée en 1895.

remarquable (dont il ne s'intéressera qu'au cas particulier des hypothèses gaussiennes fournissant les courbes en cloche classiques). En effet, la propriété – « la valeur présente est le centre de gravité des valeurs à un instant ultérieur pesées selon leur probabilité » – a la vertu d'être *transitive*. Tout ingénieur sait que pour calculer le centre de gravité d'un corps on peut regrouper la masse d'une partie quelconque en son centre de gravité. Le centre de gravité des centres de gravité est encore le centre de gravité.

Les processus aléatoires qui ont cette propriété s'appellent aujourd'hui en mathématiques des martingales, terme qui prend ainsi un sens tout à fait distinct de celui qu'il avait dans le vocabulaire des joueurs. Mais cette notion, fondée sur la propriété très simple du centre de gravité, n'a été dégagée que beaucoup plus tard : dans les années 40. Ainsi qu'il advient souvent, les mathématiciens ont d'abord étudié un cas particulier, celui des hypothèses gaussiennes qui conduit au mouvement brownien, objet remarquable pour lequel on connaît un grand nombre de formules spécifiques permettant des calculs détaillés. Puis ils se sont rendu compte que d'autres objets intéressants possédaient également la propriété du centre de gravité dont on était parti [1]. Le premier mathématicien qui a étudié explicitement les processus ayant la propriété du centre de gravité est, semble-t-il, Paul Lévy, pour généraliser la loi forte des grands nombres de Kolmogorov [2]. Le terme « martingale » pour désigner un tel processus fut introduit par Jean Ville [3]. Rapidement ce nom fit florès et remplaça

---

1. En termes modernes, Louis Bachelier n'a pas à proprement parler dissocié l'idée de martingale mathématique (c'est-à-dire la propriété d'itération des centres de gravité) de celle de processus de Markov, car il se place dans le cadre d'accroissements indépendants. Ainsi il aboutit directement à la propriété de Chapman-Kolmogorov, dite encore de Smoluchovski, qui caractérise les processus de Markov. Cf. J. L. Doob, *Stochastic Processes*, Wiley, 1953.
2. A. Kolmogorov, « Sur la loi forte des grands nombres », *Comptes rendus de l'Académie des sciences*, Paris, 1930.
3. J. Ville, *Étude critique de la notion de collectif*, Gauthier-Villars, 1939.

l'expression de « suite de variables enchaînées » qu'avait utilisée Paul Lévy (ou « processus vérifiant la propriété E » employée par J.L. Doob [1]).

LES MARTINGALES DES MATHÉMATICIENS

Un nom commun abrégé s'avérait utile car cette notion, de 1940 à nos jours, allait progressivement, connaître une ascension impressionnante au sein des mathématiques, devenant la clef d'estimations et d'inégalités parmi les plus puissantes, et le cœur d'une nouvelle théorie de l'intégration. Une forte impulsion lui fut donnée par Doob qui découvrit les premières inégalités remarquables et observa que la propriété de centre de gravité non seulement était itérative mais pouvait se partager de façon aléatoire *(le théorème d'arrêt de Doob)*. Si un joueur décide de fréquenter un casino pur au plus un mois, éventuellement moins *en fonction des aléas du jeu*, l'espérance de son gain est toujours nulle. Autrement dit, sur une durée déterminée et fixée à l'avance, toutes les stratégies possibles donnent un résultat équilibré entre les pertes et les gains probables. Les joueurs suivent le rêve de leur martingale-botte-secrète mais omettent de garder présent à l'esprit qu'ils ne joueront qu'un temps strictement borné.

L'ironie de l'histoire a voulu que les mathématiciens désignent par le terme de « martingale » précisément les situations aléatoires où les bottes secrètes des joueurs sont inopérantes. Au jeu de pile ou face, au casino pur, les gains des joueurs *quelles que soient leurs stratégies* sont des martingales mathématiques. La *martingale* est donc à la fois une chose et presque son contraire, caractéristique qu'elle partage avec beaucoup de ce qui relève de l'inconscient. Elle est d'un côté le plaisir d'une perspective de toute-puissance et

---

1. J. L. Doob, « Regularity properties of certain families of chance variables », *Transactions of the American Mathematical Society*, 1940.

de l'autre le déploiement de toutes les stratégies sur un espace qui les annihile et montre leur vanité. En adoptant ce terme, les mathématiciens ont souligné que la science dévoile facilement les illusions des joueurs dont les comportements sont donc préscientifiques; ils ont aussi affirmé clairement que le jeu avait droit de cité comme objet de science. C'est assez surprenant si nous nous souvenons des jugements moraux portés sur les jeux d'argent et l'anathème prononcé par le poète Charles Péguy : « On ne joue pas ! » Non seulement la science parle des jeux, mais elle y trouve des idées fécondes. *Au fond, c'est elle qui joue le mieux !*

III - *Des mathématiques développées hors de la finance*

Malgré Bachelier, le développement et les progrès des mathématiques, considérables durant le XXe siècle, ont été très peu liés à la finance jusqu'à la connexion majeure des années 70. Certes, l'économie comme discipline a utilisé de plus en plus de mathématiques, tant au niveau des modèles que du traitement de données en vue de la prévision, mais la finance proprement dite – techniques boursières et d'actuariat – ne nécessitait guère plus que la table de logarithmes. Ainsi qu'il arrive de façon récurrente en histoire des sciences, les concepts utiles pour la gestion de ce qu'on appelle les « nouveaux produits financiers », ou « produits dérivés », ont été fournis par la mathématique alors qu'ils avaient été élaborés pour l'étude de phénomènes complètement différents : agitation thermique, mouvement brownien, analyse spectrale des signaux, filtrage des bruits, etc. Plus précisément, les concepts mathématiques qui ont renouvelé la finance et qui sont utilisés aujourd'hui quotidiennement à Chicago, Paris, Londres ou Singapour, et que nous allons décrire plus loin, ont été élaborés au sein des *mathématiques pures*, c'est-à-dire à partir de questionnements internes aux mathématiques.

Avant la Seconde Guerre mondiale, les méthodes probabilistes utilisées dans les applications, en prévision économique, en estimation des risques naturels, en traitement du signal, en calcul des ouvrages d'art, étaient fondées sur la théorie des processus aléatoires stationnaires élaborée par Norbert Wiener. Cette théorie, de mise en œuvre simple, a été longtemps la seule enseignée aux ingénieurs. Après guerre, cependant, a été inventée une théorie plus puissante, *la théorie du calcul stochastique*, qui abordait les situations gouvernées par des équations non linéaires. Elle se substitua rapidement à l'ancienne dans certains domaines. En traitement du signal en particulier où elle fournit un algorithme de dissipation des bruits, *le filtrage de Kalman*, qui réalisa un progrès considérable dans les performances des systèmes de guidage ou de contrôle. Dans d'autres domaines le changement des habitudes fut plus lent. Alors que la théorie du calcul stochastique serait particulièrement bien adaptée au dimensionnement des ouvrages sous sollicitations aléatoires (vent, houle, etc.) car les équations qui gouvernent les déformations mécaniques sont fortement non linéaires, c'est encore la théorie de Wiener qui a été appliquée avec des approximations linéaires pour calculer le pont de Normandie par exemple. En génie civil, les innovations méthodologiques que permettent les progrès scientifiques sont accueillies avec prudence par les praticiens. Il y a des normes et des règlements techniques qui représentent les savoirs sur lesquels se fondent les responsabilités collectives et l'état de l'art, cela évolue lentement. En finance au contraire, dès que deux chercheurs (F. Black et M. Scholes) ont découvert l'usage qui pouvait être fait de la théorie du calcul stochastique, ces nouvelles idées ont été accueillies très rapidement et dans le monde entier. Les praticiens se les sont appropriées, les ont perfectionnées, comme si c'était exactement ce dont ils avaient besoin.

L'histoire des sciences fournit plusieurs exemples où les mathématiques semblent avoir été développées de façon prémonitoire. Il en a été ainsi, au début du siècle, pour la théorie physique de la relativité qui a trouvé à sa disposition les tenseurs élaborés au siècle précédent ; comme pour la mécanique quantique qui a utilisé les espaces de Hilbert qui avaient été conçus comme des généralisations de l'espace à n dimensions pour résoudre des problèmes d'équations aux dérivées partielles par des développements en séries de fonctions. Ces situations ne sont pas des coïncidences exceptionnelles, des phénomènes fortuits. L'exemple de la finance donne l'occasion d'insister ici sur cette observation de la philosophie des sciences. En raison des difficultés dues à la concurrence internationale, la mondialisation, les restrictions de crédits, etc., on voudrait que la science reste *au plus près* de ce qui est économiquement profitable, et ne se perde pas dans des investigations incertaines. C'est ce que les ministres successifs, quelle que soit leur appartenance politique, proclament immanquablement à leur arrivée, en s'employant par des réformes à rendre la recherche plus utile. Seulement, est-ce en mettant toute l'intelligence disponible sur les problèmes concrets qu'on les résoudra pour autant ? Ils sont souvent d'une difficulté inabordable sans quelque idée nouvelle. On peut faire travailler toute une équipe avec de gros moyens informatiques sans parvenir à trouver une gestion optimale d'une flotte de camions pour distribuer du fret entre différentes villes. Essentiellement, les mathématiques fournissent des idées, des concepts, du sens pour lire et comprendre l'inextricable, puis les agents économiques se servent. Il en va de même dans d'autres sciences : les physiciens et les chimistes inventent des matériaux nouveaux aux propriétés inhabituelles qui souvent attendent longtemps le problème à résoudre dont ils seront la solution. C'est ainsi que fonctionne la recherche [1].

---

1. Bien sûr, la science est elle-même influencée en retour par les conditions socio-économiques, on le sait depuis Marx au moins, et la sociologie des sciences le souligne aujourd'hui à nouveau, ce qui donne sens aux politiques incitatives.

La science propose et l'industrie dispose. On a trouvé les cristaux liquides avant de savoir qu'ils serviraient à faire des thermomètres chromatiques ou des affichages de montres. Quant aux mathématiques stochastiques, non seulement elles ont permis au secteur bancaire de réaliser des profits considérables qui, rapportés au nombre de mathématiciens, situent l'activité dans cette discipline parmi celles à forte valeur ajoutée [1], mais elles ont amélioré les télécommunications, le guidage des fusées, le dimensionnement des plates-formes *off shore* soumises à la houle, la robotique, l'échographie, etc.

Je vais maintenant retracer, depuis ses sources antiques, les grandes lignes de l'évolution historique qui permit aux mathématiques de fournir dans les années 70 à la finance des outils efficaces et nouveaux. Cela ne nous éloignera de notre objet proprement dit que provisoirement, en nous faisant pénétrer un thème qui a véritablement fasciné les mathématiciens durant le xxᵉ siècle : le mouvement brownien.

LE MOUVEMENT BROWNIEN

Mis en évidence par le botaniste Brown, l'agitation d'une particule de pollen dans l'air a été modélisée par Einstein et Smoluchovski [2] en supposant que le déplacement de la particule entre deux instants t_1 et t_2 est indépendant de ses positions antérieures et que sa loi de probabilité ne

---

1. Les profits réalisés sont difficiles à connaître mais on peut s'en faire une idée par le fait que les produits dérivés en service actuellement, pour la gestion desquels des notions de mathématiques stochastiques sont utiles sinon indispensables, représentent une valeur de plus de 20 000 milliards de dollars.
2. A. Einstein, *Annalen der Physik*, 17, 1905 et 19, 1906.
M. Smoluchovski, *Bulletin de l'Académie des sciences de Cracovie*, 1906, et *Annalen der Physik*, 21, 1906. Pour l'histoire du mouvement brownien on pourra consulter : J. P. Kahane, « Le mouvement brownien », *Actes du colloque J. Dieudonné*, Nice, 1996.

dépend que de $t_2 - t_1$. Par un raisonnement infinitésimal analogue à celui de Bachelier, ils établissent les formules de base qui régissent le phénomène [1]. Jean Perrin et Léon Brillouin les soumettront au verdict d'une expérimentation minutieuse [2].

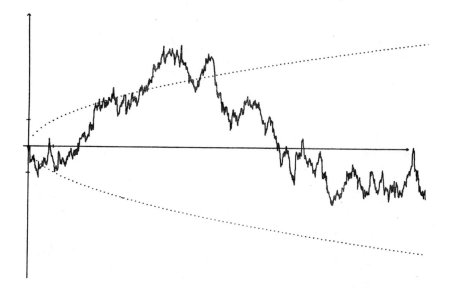

Mouvement brownien : Position d'une particule brownienne se déplaçant le long de l'axe vertical en fonction du temps.

---

1. Ils font la même erreur que Bachelier en ce qui concerne les hypothèses gaussiennes mais il se trouve *a posteriori* que cette faute de raisonnement n'en est plus une si la particule ne saute pas (trajectoire continue), ce qui est raisonnable ici en physique mais ne va plus de soi en finance.

2. Cette vérification est relatée dans le livre de J. Perrin, *Les Atomes*, 1913, où il écrit : « On ne peut non plus fixer une tangente, même de façon approchée, à aucun point de la trajectoire, et c'est un cas où il est vraiment naturel de penser à ces fonctions continues sans dérivées que les mathématiciens ont imaginées et que l'on regarde à tort comme de simples curiosités mathématiques, puisque la nature les suggère aussi bien que des fonctions à dérivées. » Une telle fonction continue sans dérivée nulle part avait été explicitement décrite par le mathématicien tchèque Bolzano un siècle auparavant.

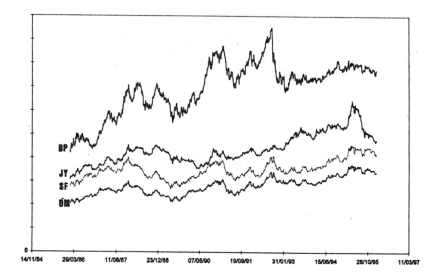

Évolution à long terme (10 ans) du prix du dollar en livre sterling (BP), yen japonais (JY), franc suisse (SF), et deutschemark (DM).

Après les travaux des physiciens, c'est, dans les années 20, Norbert Wiener [1] principalement qui développe la théorie du mouvement brownien. Une nouvelle aventure intellectuelle commence. L'objet se trouve être intimement lié à des parties centrales de l'analyse fonctionnelle, notamment la théorie des fonctions harmoniques, l'opérateur laplacien, etc., et surtout à la théorie de l'intégration qui depuis l'Antiquité avait fait les délices des théoriciens et qu'on pouvait croire définitivement couronnée par l'intégrale de Lebesgue. Wiener parvint à y ajouter un nouveau chapitre en montrant que le mouvement brownien permet de définir une intégrale nouvelle, avec laquelle on peut faire une transformation de Fourier des signaux aléatoires,

---

1. N. Wiener, « Differential space », *Journal of Mathematical Physics*, 1923.

comme on le fait ordinairement pour analyser les fréquences mais avec des propriétés spécifiques débouchant à la fois sur des applications simples et commodes et sur des questions mathématiques très profondes.

L'INTÉGRALE STOCHASTIQUE COMME BÉNÉFICE DU SPÉCULATEUR

L'intégrale stochastique deviendra essentielle en finance grâce à l'extension que lui donnera le probabiliste japonais Kiyosi Ito. Il est donc important que nous regardions l'idée même d'intégrale d'un peu plus près.

La notion d'intégrale depuis Archimède

L'intégrale est une idée d'ingénieur, simple et facile à comprendre. Pour calculer le volume d'un cône de révolution posé sur sa base, on le coupe en fines tranches horizontales. Chaque tranche a un volume sensiblement égal au cylindre droit de même épaisseur et de même rayon donc aisé à calculer, et il suffit d'additionner ces volumes pour avoir le volume du cône. Là où Archimède, grand ingénieur, a une démarche de mathématicien, c'est lorsqu'il prend soin de manier cette méthode des tranches avec la plus grande rigueur, obtenant par une déduction sans faille, fondée sur des approximations internes et externes, les beaux résultats de quadrature tels que l'égalité de la surface d'une sphère et de la face latérale du cylindre circonscrit, ou le rapport du volume de ce cylindre à celui de la sphère qui est égal à 3/2.

L'intégrale est un objet limite très naturel. Nous concevons clairement la longueur d'une courbe en imaginant de la faire rouler sans glissement sur une droite, ou l'aire d'une région plane en la remplissant de petits carrés. Dès lors, l'obtention de ces mesures par sommation de petits éléments rectilignes ou plans selon la méthode d'Archimède est un problème légitime qui se maintient sous des formulations variées dans toute l'histoire des mathématiques. Descartes et Leibniz puis les mathématiciens du XVIIIe siècle jusqu'à Euler développeront les liens du calcul des intégrales avec le calcul différentiel, l'intégrale apparaissant comme l'opération inverse de la dérivation. L'idée qu'il s'agit de la somme d'un grand nombre de quantités petites dont la taille est régie explicitement par l'accroissement d'une fonction est reprise par Cauchy au début du XIXe siècle afin de fonder en toute rigueur ses résultats sur les intégrales dans le plan complexe puis par Riemann qui, le premier, explicite complètement la classe des fonctions dont on peut calculer l'intégrale selon la méthode d'Archimède.

Un véritable bond dans le perfectionnement de cet outil est franchi par Henri Lebesgue dans sa thèse (1901) et ses travaux ultérieurs, « ce qui allait faire de l'intégrale de Lebesgue et de ses généralisations des instruments parmi les plus vivants et les plus utiles de l'analyse moderne », estimera Jean Dieudonné [1]. En fait, Lebesgue abandonne la méthode des tranches d'Archimède pour une autre méthode dont la fécondité vient de ce que non seulement elle permet en toute rigueur de calculer l'intégrale pour une classe de fonctions plus vaste que celle de Riemann, mais aussi du fait que l'outil « intégrale » ainsi obtenu se manie avec plus de simplicité car on peut établir des théorèmes simples qui n'étaient pas valides auparavant. Autour de Lebesgue il faudrait mentionner aussi le Hollandais Stieltjes professeur à l'Université de Toulouse, Émile Borel puis Johann Radon et Arnaud Denjoy, etc.

Cette intégrale s'adapte bien à des espaces abstraits tels que ceux qu'on utilise pour décrire les événements du calcul

---

1. Jean Dieudonné, « Intégration et mesure », in *Abrégé d'histoire des mathématiques, 1700-1900*, sous la dir. de J. Dieudonné, Hermann, 1978.

des probabilités. Elle permettra en 1933 à Kolmogorov de donner à la théorie des probabilités des fondations parfaitement rigoureuses qu'on utilise encore aujourd'hui et grâce auxquelles il devient possible de parler des notions plus délicates que sont les fonctions aléatoires ou, ce qui signifie la même chose, les processus stochastiques [1]. En particulier c'est cette nouvelle intégrale ou nouvelle « mesure », comme il est d'usage de dire depuis Lebesgue, que Wiener utilisera en 1923 pour décrire la loi de probabilité du mouvement brownien, avec laquelle il établira en toute rigueur un grand nombre de propriétés de ses trajectoires chahutées : non-différentiabilité (les trajectoires n'ont de dérivée en aucun point), variation totale infinie (sur tout intervalle de temps fini la trajectoire est de longueur infinie), variation quadratique finie, etc.

L'intégrale stochastique
et le calcul d'Ito

Grâce à son étude détaillée du mouvement brownien, Norbert Wiener va dégager une nouvelle intégrale, dite « intégrale stochastique », parce qu'elle est de nature aléatoire et définie par un procédé global nouveau mettant à profit des propriétés particulières du mouvement brownien.

Comme nous l'avons dit, ces développements étaient sans connexion avec la finance. Néanmoins, pour nous, l'interprétation financière du mouvement brownien comme le cours d'un actif en bourse, dans l'optique de Bachelier, nous permet de faire comprendre très simplement l'intégrale de Wiener.

Si au début du mois de cotation vous achetez une unité d'actif et qu'à la fin du mois vous la revendez, votre *bénéfice* sera exactement la différence entre le cours à la fin du mois

---

1. A. N. Kolmogorov, « Théorie générale de la mesure et calcul des probabilités » (en russe), *Troudy komm. acad. sect. matem.*, 1, p. 8-21, 1929, et « Grundbegriffe der Wahrscheinlichkeitsrechnung », *Erg. Mat.*, 2, n° 3, 1933.

et le cours au début du mois. Maintenant, au lieu d'une unité vous pouvez en acheter plusieurs et en revendre une partie le deuxième jour, en racheter le troisième, etc., votre mise étant régie par une fonction quotidienne donnée quelconque. Votre *bénéfice* (algébrique, car ce peut être une perte évidemment) sera l'intégrale de Wiener de la fonction donnée. Donc on voit bien, le cours étant aléatoire, que l'intégrale de Wiener d'une fonction est une grandeur aléatoire.

Cela étant, lorsqu'un opérateur procède à des spéculations, il ne choisit pas en général sa fonction de mise quotidienne à l'avance au début du mois, il tient compte de l'évolution du cours lui-même. Ainsi, il essayera d'acheter davantage lorsque le cours est bas et de vendre lorsqu'il est haut. Cela nous amène à la fameuse *intégrale d'Ito* qui est la dernière étape de notre petit voyage en théorie de l'intégration. En 1944, le mathématicien japonais Kiyosi Ito s'est rendu compte qu'il était possible d'étendre l'intégrale de Wiener à des fonctions elles-mêmes aléatoires, pourvu que celles-ci *n'anticipent pas sur* le mouvement brownien [1]. Dans notre exemple, la mise du spéculateur peut être aléatoire mais, à un instant donné, ne peut tirer son aléa que de ce qui s'est passé jusqu'à l'instant en question. Le spéculateur ne peut utiliser l'avenir du cours, car, même s'il s'en fait une vague idée, il lui est impossible de connaître la valeur numérique précise du cours dans l'avenir.

Les travaux d'Ito et ceux qui suivirent pour mettre au point en toute généralité l'intégrale stochastique selon ses idées se sont effectués, je le répète, sans liens véritables avec la finance. Ils étaient motivés essentiellement par des mathématiques pures (interprétation probabiliste de la théorie du potentiel et des équations aux dérivées partielles elliptiques, et représentation des processus de diffusion à partir du mouvement brownien). Mais nous constatons que, dans l'optique de Bachelier, l'intégrale d'Ito nous fournit le

---

1. K. Ito, « Stochastic integral », *Proc. Imperial Academy Tokyo*, 1944.

bénéfice algébrique du spéculateur quelle que soit sa stratégie de mise. Les hypothèses prises par Bachelier font que l'espérance de ce bénéfice est nulle. On retrouve le point de départ de Bachelier selon lequel l'espérance de gain du joueur est nulle. Cela est dû à la *propriété du centre de gravité* que vérifie le mouvement brownien centré. Très rapidement, les mathématiciens se sont rendu compte que les principes de l'intégrale d'Ito valaient aussi bien pour tout processus vérifiant la propriété du centre de gravité, c'est-à-dire qu'on pouvait remplacer le mouvement brownien par *une martingale*. Nous passons ainsi de l'intégrale d'Ito par rapport au mouvement brownien à l'intégrale d'Ito par rapport à une martingale. Les gains des joueurs au casino sont d'espérance nulle, nous le savions déjà. Ce qu'ont permis les mathématiques c'est de concevoir des jeux *en continu* : à chaque instant, il y a une mise qui est gouvernée comme par un levier que l'opérateur manierait sans relâche. Ce type de gestion de portefeuille ne présente guère de difficulté avec l'informatique moderne.

Il ne restait plus qu'à réunir l'intégrale d'Ito par rapport à une martingale et l'intégrale de Lebesgue et l'on obtint ce qu'on appelle aujourd'hui *l'intégrale stochastique*. C'est un outil souple et général qui a des liens avec un calcul différentiel original, différent de celui qu'utilisait Leibniz. Sa formule centrale, qui permet les changements de variables, est *la formule d'Ito*, aujourd'hui célèbre et très largement utilisée.

Après tout ce travail mathématique, nous arrivons à une situation extrêmement simple pour la finance : *Quelle que soit la modélisation du cours de l'actif* (que celui-ci soit représenté par une martingale comme le mouvement brownien centré, ou par un processus aléatoire plus général qui n'a pas la propriété du centre de gravité), *le bénéfice algébrique que retirera le spéculateur d'une stratégie quelconque est l'intégrale stochastique de la fonction de mise par rapport au cours de l'actif.* Ce résultat très important est évidemment soumis à quelques hypothèses mathématiques que nous n'expliciterons pas car elles sont larges et générales. Il jouera un rôle central dans les années 70 où les mathématiques retrouveront la finance ; nous évoquerons ces retrouvailles dans les prochains chapitres.

Auparavant, afin que notre discussion se fonde sur des bases aussi solides que possible, il nous faut examiner comment une certaine rationalité peut intervenir dans la fixation du prix d'un objet entre un vendeur et un acheteur.

*Espérance mathématique
et meilleure estimation
rationnelle*

Plus souvent qu'on l'imagine, et depuis longtemps, des biens sont reliés de façon mathématiquement formalisable à des biens différents qui, eux-mêmes, se voient reconnaître une valeur. Un exemple très ancien nous en est donné par les Mésopotamiens. Ils pratiquaient des triangulations pour mesurer l'aire des champs dont la forme n'était pas rectangulaire. Très tôt les denrées ont été vendues au poids, les transports de personnes à la distance et, dans les métiers du bâtiment, on fait encore les devis de travaux à partir de métrés qui permettent d'avoir une base de discussion objective. Lorsque la science, au début du xixe siècle, a dégagé la notion d'énergie qui a permis de comparer le travail des machines, celle-ci est apparue comme une « monnaie mécanique » selon l'expression de l'ingénieur Navier qui écrivit en 1819 :

« La comparaison de diverses machines, pour le négociant et le capitaliste, se fait naturellement d'après la quantité de travail qu'elles exécutent, et le prix de ce travail. Pour estimer les valeurs respectives de deux moulins à blé, par exemple, on examinera quelle quantité de farine chacun peut moudre dans l'année ; et pour comparer un moulin à blé et un moulin à scier, on

estimera la valeur du premier d'après la quantité de
farine moulue annuellement et le prix de la mouture, et
la valeur du second d'après la quantité de bois qu'il
débitera dans le même temps et le prix du sciage. On
peut se borner à cette manière de considérer les
machines et les travaux qu'elles exécutent, tant qu'il ne
s'agit que d'acheter ou d'échanger entre elles des
machines toutes faites, et dont le produit est connu ;
mais il y a plusieurs cas où elle est insuffisante.

« Supposons en effet une personne qui possède un
moulin à blé, et qui désirerait, au moyen de quelques
changements dans son mécanisme, en faire un moulin
à scier. Elle ne pourrait juger de l'avantage ou du désa-
vantage de cette opération qu'autant qu'elle saurait évaluer, d'après la quantité de farine produite par son
moulin, la quantité de bois qu'il serait dans le cas de
débiter. Or cette évaluation est une chose absolument
impossible, à moins qu'on ait trouvé une mesure
commune pour ces deux travaux de natures si différentes. Cet exemple suffit pour montrer la nécessité
d'établir une sorte de *monnaie mécanique*, si l'on peut
s'exprimer ainsi, avec laquelle on puisse estimer les
quantités de travail employées pour effectuer toute
espèce de fabrication [1]. »

Il nous paraît tout à fait naturel aujourd'hui que la
notion d'énergie soit la base de notre facture d'électricité.
Évidemment la science économique contribue à cette
démarche d'introduire une certaine rationalité dans l'évaluation des prix des objets ou des services. Elle y parvient
plus ou moins aisément suivant les cas. En ce qui concerne
la pollution cette question se pose aujourd'hui comme une
problématique difficile mais peut-être décisive.

---

1. Cette monnaie mécanique sera *le travail* au sens mécanique du
terme. C. Navier (1785-1836), *Notes et Additions au traité de B. F. Bellidor*,
1819. Voir à ce sujet l'article de K. Chatzis, « Économie, machines et mécanique rationnelle : la naissance du concept de travail chez les ingénieurs-
savants français entre 1819 et 1829 », *Annales des Ponts et Chaussées*, n° 82,
1997.

Les évaluations sont particulièrement délicates lorsque le hasard doit entrer dans le décompte. Ainsi le développement des assurances maritimes au XVIIIe siècle s'est-il appuyé sur le calcul des probabilités, dont le développement avait été lui-même stimulé par la vogue des jeux de hasard dans les salons où se côtoyaient de vieilles fortunes terriennes, des entrepreneurs et des hommes d'affaires avisés. Le calcul des probabilités a fait des assurances une activité sérieuse.

Un contrat d'assurance est un bien d'une nature très particulière. Son exécution fait toujours apparaître un conflit d'intérêts *a posteriori* : si la cargaison d'un bateau assuré arrive à bon port, son affréteur trouve la prime d'assurance trop coûteuse ; si un naufrage se produit, l'assureur trouve la prime insuffisante. Quel est en l'occurrence le bien échangé dont il faut fixer le prix ? L'objet de l'échange est un risque, sorte d'antimarchandise ; l'affréteur s'en défait, il le cède à l'assureur et il lui faut pour cela payer une prime. Le montant de la prime repose fondamentalement sur une évaluation du hasard. Il convient d'envisager la probabilité respective des divers événements possibles et, pour chacun d'eux, les montants des dégâts, c'est-à-dire les enjeux.

Or le hasard est une notion qui ne s'analyse pas facilement sans mathématiques [1]. Pour prendre une décision dans un contexte d'incertitude, il faut comparer des situations aléatoires. Pascal et Fermat ont les premiers inventé à cet effet un critère : *l'espérance mathématique*. Il n'est plus le seul, loin de là, il y a d'autres critères et d'abord les moments d'ordre plus élevé, ou l'espérance d'utilité des économistes, etc. Mais il est encore celui vis-à-vis duquel les

---

1. De nombreuses questions très simples sont difficiles à traiter sans mathématiques, par exemple celle-ci : mes voisins ont deux enfants dont une fille, quelle est la probabilité pour que l'autre soit un garçon ? (Réponse : 2/3.)

autres ont à être justifiés car il s'adapte aux situations aléatoires complexes en une rationalité cohérente.

Lorsque vous prenez le métro, si vous voulez minimiser le trajet que vous aurez à parcourir à la sortie sans savoir si, à la station de votre destination, la sortie se fait en tête ou en queue, vous adoptez spontanément le critère d'espérance mathématique en vous plaçant au milieu du train. À moins que vous estimiez à deux chances sur trois que la sortie sera en tête... auquel cas il faudrait, selon le critère d'espérance, vous placer aux deux tiers du train vers la tête. Ces prescriptions vous font minimiser le risque quadratique, autrement dit *la variance* du trajet à pied que vous aurez à effectuer [1]. Si pour vous rendre de votre domicile à votre travail d'autres choix en situation aléatoire se présentent à vous et si vous adoptez pour chacun successivement le critère d'espérance, les choses sont cohérentes et globalement vous minimisez le risque quadratique sur le temps de trajet. L'espérance mathématique, et *l'espérance conditionnelle* qui en est le développement intertemporel, revient à choisir parmi les grandeurs connues celle qui minimise le risque quadratique (la variance) de la différence avec la grandeur inconnue.

Il revient au même de dire que le cours actuel est la valeur du cours aujourd'hui qui fait que la moyenne des carrés des variations du cours d'aujourd'hui à demain sera la plus petite, et de dire, comme Bachelier, que le cours actuel est l'espérance du cours de demain. Une relation analogue est bien connue des mécaniciens : le centre de gravité d'une tige, c'est-à-dire le point sur lequel elle reste en équilibre, est aussi le point par rapport auquel elle a le plus petit moment d'inertie.

Choisir une position pour l'avenir selon le critère d'espérance (ou d'espérance conditionnelle) est le mode de décision considéré généralement comme le plus rationnel.

---

1. Si, au lieu de la grandeur aléatoire X, vous choisissez le nombre a, le risque quadratique $E[(X-a)^2]$ est minimal lorsque $a = E[X]$. Le risque quadratique est alors égal à la variance $E[(X-EX)^2]$.

Quoiqu'il ne soit pas le seul envisageable, il revient à minimiser le risque – au sens des moindres carrés –, c'est-à-dire la variance, et cela lui donne à la fois cohérence et simplicité.

Précisément parce que l'espérance est une meilleure estimation rationnelle en ce sens, et parce qu'une martingale prend comme valeur à chaque instant l'espérance de ses valeurs futures, certains cours de bourse sont des martingales. Cela fut démontré selon cette rationalité par P. A. Samuelson en 1965 en ce qui concerne les *futures* ou achats à terme : les niveaux où se font les achats à terme, c'est-à-dire les cotes chaque jour de l'achat d'un actif à une date ultérieure *fixée*, forment une martingale si les prix représentent la valeur espérée. Ces travaux et d'autres lui valurent le prix Nobel en 1970. Ils ont introduit dans le monde de la finance le recours en masse à de nouveaux outils que les mathématiques avaient élaborés, notamment à l'intégrale stochastique et à la formule d'Ito.

Est-ce que le résultat de Samuelson peut se voir sur les trajectoires des cours ? À quoi reconnaît-on qu'une fonction est une trajectoire de martingale ? Comme on ne dispose que d'un intervalle de temps fini, il n'y a pas de réponse assurée. Mais les trajectoires des martingales ne peuvent pas être tout à fait n'importe quoi. Notamment si elles sont continues (ce qui est une hypothèse courante, quoique l'hypothèse contraire ne soit pas sans intérêt), elles ressemblent nécessairement (localement) à un mouvement brownien, elles ont la même allure escarpée et le même degré d'irrégularité. C'est bien ce qu'on constate sur les cours et pas seulement ceux des *futures*. Que les cours soient ou non des martingales est une question qui fait encore couler beaucoup d'encre. Lorsque c'est le cas, on dit parfois que le marché est *efficient*[1], et cela renvoie à une rationalité économique fondée sur des comportements

---

1. Nous discuterons cette notion plus en détail ultérieurement.

d'agents où chacun optimise son avantage, les risques étant calculés par les variances des grandeurs incertaines.

Quoi qu'il en soit, répétons-le même, si le marché n'est pas efficient et si le cours d'un actif n'est pas une martingale, lorsque vous spéculez sur cet actif, avec une stratégie aussi astucieuse soit-elle, votre bénéfice s'exprime par une intégrale stochastique par rapport au cours de l'actif [1].

---

1. Les questions d'actualisation étant omises ici par souci de simplicité.

Deuxième partie

LA COUVERTURE DES OPTIONS :
UNE RUPTURE ÉPISTÉMOLOGIQUE

Si intéressants fussent-ils, les travaux de Bachelier reliant les cours de Bourse à une modélisation mathématique du hasard sont restés ignorés des financiers pendant plus d'un demi-siècle. Mais ils ont été, nous l'avons vu, prolongés par l'étude mathématique du mouvement brownien et des martingales jusqu'à la mise au point de l'intégrale stochastique de Ito. Je voudrais montrer dans cette partie comment et pour quelle raison particulière ce long travail mathématique sur soixante-dix ans vint s'appliquer à la finance et lui fournir les méthodes et les concepts qui sous-tendent aujourd'hui le fonctionnement des marchés financiers.

Pour cela j'expliciterai ce que sont les *options*, un des produits financiers, d'origine historique ancienne, qui s'échangent sur les marchés à terme et j'examinerai *la question du prix* de ces contrats. Car l'évaluation de leur prix, *pricing* en anglais [1], se fait sur la base d'un argument de non-arbitrage qui prend référence sur la valeur fournie en continu par le marché et a permis la découverte du *principe de couverture* pour gérer les options.

Après quoi j'évoquerai les conséquences de cette façon de raisonner en la comparant avec la meilleure estimée au sens des moindres carrés et je tirerai quelques conséquences de cette nouvelle rationalité sur le plan épistémologique.

---

1. On emploie parfois en français le néologisme « prisage ».

IV – *La connexion inattendue*

Un *contrat à terme* est la conclusion d'une transaction qui aura lieu à une échéance future mais dans des conditions arrêtées dès aujourd'hui. Une *option* est un contrat à terme contingent, c'est-à-dire la conclusion aujourd'hui d'une transaction qui pourra se faire de diverses manières selon des éventualités qui résulteront de ce qui se passera d'ici la transaction. Une des options les plus simples est *l'option d'achat*, en anglais *call* ; c'est un contrat, disons, entre une banque et un client, donnant à celui-ci le droit mais non l'obligation d'acheter à la date T (dans 3 mois ou 6 mois...) une action spécifiée ou une devise à un prix fixé K (même si la cote de cette action ou devise est supérieure à K à la date T). La possession d'une telle option est évidemment un avantage pour le client. Ce peut être une entreprise dont les frais et les bénéfices sont saisonniers et décalés. Par exemple une entreprise qui achète des oranges en hiver en dollars et vend du jus d'orange en été en francs verra son bilan annuel extrêmement dépendant de la fluctuation du dollar par rapport au franc entre l'hiver et l'été et entre l'été et l'hiver suivant [1]. Elle

---

1. Louis Gallois, alors P-DG d'Aérospatiale, déclarait par exemple dans *Le Monde* du 22 septembre 1995 : « Sur le premier semestre [de 1995], la perte nette d'Aérospatiale est de 105 millions de francs, à comparer avec

pourrait prendre en été une option d'achat à six mois sur le dollar qui constituerait pour elle une sorte d'assurance contre la fluctuation des cours.

La question que nous allons discuter est celle du prix que la banque doit faire payer pour une telle option, plus précisément, la méthode qui est suivie pour fixer ce prix et sa logique économique.

Les options se négocient aujourd'hui soit dans le marché de gré à gré, qui est un marché au sens courant du terme entre les banques et leurs clients, soit sur *les marchés organisés* dans lesquels le jeu de l'offre et de la demande est maintenu en permanence et permet une cotation autorisant les achats et les ventes avec un faible coût de transaction. De tels marchés existent depuis fort longtemps pour les actifs traditionnels (actions, matières premières, devises, obligations) comme pour les options et autres *produits dérivés* qui sont des contrats à terme sur des actifs traditionnels ou sur des indices négociables [1]. Le développement de ces marchés organisés de produits dérivés a pris un essor considérable durant le dernier quart de siècle.

MARCHÉS ORGANISÉS

L'histoire des marchés d'options remonte au milieu du XIXᵉ siècle avec la création du *Chicago Board of Trade* (1848) où les agriculteurs producteurs de céréales peuvent différer la livraison de la récolte par rapport à la date de détermination du prix. Il leur est possible ainsi de s'affranchir du risque de baisse des cours. Il leur suffit pour cela de trouver

---

une perte de 333 millions au premier semestre 1994. Si le cours du dollar avait été le même qu'un an plus tôt, le groupe aurait été bénéficiaire de 655 millions de francs. C'est-à-dire que le seul dollar a eu un effet négatif de 760 millions de francs sur les résultats semestriels. »
1. Paniers d'actifs tels que, en France, l'indice CAC 40 créé en juin 1988 qui sert de support à des contrats cotés sur le MATIF et sur le MONEP.

une contrepartie (un acheteur) qui anticipe au contraire une hausse du cours. Un accord peut alors être trouvé moyennant paiement, d'un côté ou de l'autre, d'une compensation (appelée prime du contrat). En 1874 s'ouvre le *Chicago Mercantile Exchange* qui reste son principal concurrent [1]. Dès cette époque, les marchés s'étendent aux contrats à terme eux-mêmes qui sont cotés et échangés comme s'il s'agissait d'actifs ordinaires.

La France n'est pas en reste d'ailleurs; la bourse de commerce de Paris s'ouvre aux contrats à terme en 1884, mais ce marché est fermé en 1939, puis de nouveau ouvert avec des contrats sur le sucre blanc pour fermer finalement en 1976 [2].

Les options sur devises apparaissent pour la première fois en 1972 à Chicago, peu après la décision d'abandon de la convertibilité du dollar en or au mois d'août 1971, et la dévaluation du dollar quatre mois plus tard qui fit prendre conscience du risque de change. Les options sur taux d'intérêt débutent en 1973 [3].

Enfin de 1978 à 1990 s'ouvrent des marchés de produits dérivés dans d'autres places financières du monde, à New York en 1979, à Londres (LIFFE) en 1982, à Singapour (SIMEX) en 1984, à Tokyo (TIFFE) en 1985, à Paris (MATIF en 1986, MONEP en 1987), et à Francfort (DTB) en 1990 [4].

Donc à partir des années 70, les marchés dérivés se déve-

---

1. Ils représentaient à eux deux, en 1992, quatre fois plus de contrats échangés que sur le troisième marché mondial, celui de Londres.
2. Après un scandale relaté avec une férocité allègre par le romancier G. Conchon dont le livre fut adapté au cinéma.
3. Voir pour un panorama historique plus complet C. Hersent et Y. Simon, *Marchés à terme et options dans le monde*, Dalloz, 1989.
4. D'autres places ont ouvert des marchés financiers classiques et dérivés, notamment dans les pays ayant besoin d'investissements étrangers; ces marchés, dits «émergents», sont souvent plus agités que les autres et la fonction d'assurance des produits dérivés y joue un rôle important.

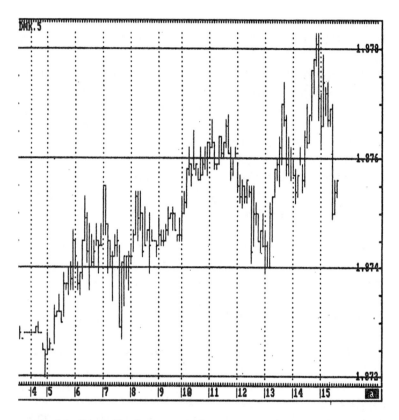

Le fait d'assimiler les cours à des processus du genre mouvement
brownien est tout à fait naturel. Ces processus se manipulent grâce à un
calcul intégral particulier, le calcul d'Ito.
Le diagramme représente l'évolution du prix du dollar en marks à
Paris du 15 septembre 1988 à 5 heures au 15 septembre 1988 à 15 heures.
Chaque trait vertical représente l'amplitude de variation du cours durant
les 5 dernières minutes.

loppent rapidement. Les cours des sous-jacents (matières
premières, actions, devises) *ressemblent* à des mouvements
browniens, mais on ne sait pas si ce sont des martingales ou
non.

Progressivement va se mettre en place une argumentation extrêmement intéressante par la place prépondé-

rante qu'elle fait à la référence au cours instantané fourni par le marché et sa façon d'exploiter les propriétés du mouvement brownien. Elle apparaît pour la première fois et sous une forme particulière dans un article de F. Black et M. Scholes de 1973.

PORTEFEUILLE DE COUVERTURE ET NON-ARBITRAGE

Ce qui va permettre de donner un prix à une option, c'est la notion de *portefeuille de couverture*. Supposons que l'option qu'il s'agit d'apprécier soit à trois mois sur le cours du yen japonais. Toutes les spéculations que nous pouvons envisager sur le yen (qui est ici le sous-jacent de l'option) peuvent être décrites par un portefeuille constitué uniquement de francs et de yens, en quantités algébriques positives ou négatives, et qui initialement est vide et finalement, au bout de trois mois, ne comprend que des francs. En effet, si à un certain moment nous achetons des yens, ils viennent dans le portefeuille mais leur coût en francs s'y inscrit aussi avec le signe moins, et si nous vendons des yens à un autre instant, éventuellement à un prix différent, le montant des francs remonte, et finalement au bout de trois mois en vendant tous les yens qui restent on n'obtient plus que des francs dans le portefeuille. Gérer ainsi un portefeuille pendant trois mois par des achats et des ventes de yens aboutit à quoi ? Certainement pas à une opération blanche, du moins en général. Cela donne un profit ou une perte, un résultat aléatoire en tout cas.

Pour des raisons que nous avons exposées au chapitre précédent, ce résultat aléatoire est exactement la valeur de l'intégrale stochastique de la quantité de yens détenue dans le portefeuille par rapport au cours du yen.

Pour trouver le bon prix d'une option, c'est-à-dire d'une transaction à terme, aléatoire, le principe est le suivant : *Si une grandeur aléatoire peut s'écrire comme la somme d'une constante* k *et d'une intégrale stochastique par rapport au cours, alors l'avantage de disposer de cette grandeur aléatoire à l'échéance a un juste prix et ce prix est* k (montant de la *prime*). En effet, si la banque ne fait pas payer cet avantage exactement le prix k, alors soit la banque soit le client pourra faire *un arbitrage* et réaliser un profit sans risque. Par quel moyen? Supposons que la banque vende ce contrat à terme plus cher, disons k + h. En constituant un portefeuille et en le gérant par des achats et des ventes d'une façon telle qu'il réalise l'intégrale stochastique en question, elle sera à même de réaliser le contrat et il lui restera h. Et, de la même façon, on se convainc facilement que si elle fixe le prix à k – h c'est le client qui, par la constitution d'un portefeuille analogue, pourra réaliser un profit d'un montant h.

C'est le *raisonnement par absence d'arbitrage*. Il porte en lui une logique qui s'impose. Car, si d'aventure il n'était pas appliqué ici ou là, les profits sans risque que pourraient réaliser les agents feraient qu'il s'appliquerait à nouveau très rapidement.

Si ce juste prix ainsi déterminé – nous verrons plus bas comment on obtient sa valeur numérique – est adopté par la banque et le client, comment la banque sera-t-elle à même de fournir exactement le montant désiré au client? En constituant le même portefeuille dont nous avons parlé, appelé *portefeuille de couverture* ou *portefeuille simulant*, qui, s'il est géré selon la bonne stratégie, annule le risque de l'opération.

En effet, dès lors que la grandeur aléatoire qu'est l'option peut s'écrire comme une constante plus une intégrale par rapport au cours du sous-jacent, ce que nous supposons ici, cette intégrale est le résultat d'une spéculation sur le cours du sous-jacent, c'est-à-dire le résultat d'achats et de ventes d'un portefeuille contenant des quantités convenables de yens. Donc on peut *simuler l'option à une constante près* par ce portefeuille. La constante plus le portefeuille ont exactement les mêmes caractéristiques, le même usage financier, à chaque instant, que l'option. Pour mettre en œuvre concrètement ce programme, on a besoin de certaines hypothèses sur le cours de l'actif sousjacent. Dans le modèle de Black et Scholes – qui reste encore le plus utilisé actuellement –, le cours est décrit par un seul paramètre, *la volatilité*, qui décrit son agitation. Ce modèle a de plus la propriété que *toutes* les grandeurs aléatoires qu'on peut envisager concernant le sous-jacent peuvent s'écrire comme la somme d'une constante et d'une intégrale stochastique. On dit que dans ce modèle « le marché est complet [1] ». Toutes les options peuvent alors faire l'objet d'une couverture par portefeuille simulant; les calculs sont explicites pour les options courantes et il y a des algorithmes numériques (méthodes de Monte Carlo par exemple) pour les autres cas. Ils indiquent le montant de la prime et la composition du portefeuille de couverture à chaque instant.

Même si le modèle particulier qu'ont publié Black et Scholes reste très utilisé à cause de sa simplicité [2], c'est la possibilité de constituer un portefeuille simulant qui représente la grande rupture épistémologique car elle est très différente, nous y reviendrons, de ce que donnait la démarche de Bachelier. Assez rapidement une véritable théorie des mathématiques financières s'est mise en place [3] qui donne

---

1. Beaucoup d'autres modèles où le cours est continu ont aussi cette propriété. Mais, sauf cas très particulier, les modèles où le cours de l'actif présente des sauts n'ont pas cette propriété, une couverture exacte n'y est en général plus possible et il subsiste des risques pour la banque. On peut toutefois trouver une couverture qui minimise le risque, cf. H. Föllmer et D. Sondermann, « Hedging of non redundant contingent claim », 1986 et N. Bouleau et D. Lamberton, « Residual risks and hedging strategies in Markovian markets », *Stochastic processes and Applications*, 33, 1989.
2. Et de sa robustesse, cf. N. El Karoui et M. Jeanblanc-Picqué, « On the robustess of Black-Scholes formula », Laboratoire de probabilités, Université Paris-VI, 1994.
3. Citons notamment les travaux de l'école américaine : R. C. Merton, J. E. Ingersoll, J. M. Harrison, D. M. Kreps, S. R. Pliska,

toute sa généralité au principe de couverture et met à profit les progrès réalisés en théorie des probabilités depuis Bachelier [1].

En se développant, les marchés dérivés font de plus en plus appel à l'ingénierie mathématique, non seulement pour les options mais aussi pour les *produits fermes (futures, swaps,* etc.) qui font l'objet de modélisations sur les taux. En ce qui concerne les options, le principe de couverture s'applique d'une part aux *options européennes* – terminologie spécifique qui désigne les contrats portant sur une transaction contingente mais dont la date est fixée – comme les options d'achat *(calls)* ou de vente *(puts)* ou plus sophistiquées *(straddle, strangle, butterfly, options digitales,* etc.), d'autre part aux *options américaines* correspondantes – qui peuvent s'exercer à tout instant jusqu'à l'échéance – lesquelles, en plus du calcul stochastique d'Ito et des équations aux dérivées partielles, font appel aux inéquations variationnelles.

D'une façon générale, tout produit nouveau envisagé, avant d'être mis en circulation *(caps, floors, options à barrière, produits structurés,* etc.), fait l'objet d'une étude mathématique pour établir un prix de non-arbitrage et une méthode de couverture. C'est une des raisons pour lesquelles les banques ont besoin de mathématiciens et en recrutent, nous y reviendrons.

J. C. Cox, S. A. Ross, M. J. Bremman, E. S. Schwartz dans les années 70, complétés ensuite grâce aux outils développés par l'école française de probabilités.
    1. Sur les options et les marchés organisés, on pourra consulter : D. Arnould, *Les Marchés de capitaux en France,* Armand Colin, 1995 ; H. Bourguinat, *La Tyrannie des marchés, essai sur l'économie virtuelle,* Économica, 1995 ; B. Jacquillat et J.-M. Lasry, *Risques et enjeux des marchés dérivés,* PUF, 1995 ; A. G. Malliaris et W. A. Brock, *Stochastic Methods in Economics and Finance,* North-Holland, 1982 ; R. C. Merton, *Continuous-time Finance,* Basil Blackwell, 1990 ; D. Lamberton et B. Lapeyre, *Introduction au calcul stochastique appliqué à la finance,* Ellipses, 1991 ; R. Gibson, *L'Évaluation des options,* PUF, 1993 ; R.-A. Dana et M. Jeanblanc-Picqué, *Marchés financiers en temps continu, valorisation et équilibre,* Économica, 1994.

V – *Une rationalité différente*

La possibilité de couverture est essentielle pour qu'un produit soit répandu. Lorsque la banque gère le portefeuille de couverture selon la formule de Black-Scholes, ce n'est pas en moyenne qu'elle sera en mesure de fournir la somme requise à l'échéance, c'est chaque fois, quelle que soit l'évolution du hasard. Du moins aux erreurs de modèles près, qui sont d'expérience assez petites pour les produits sur lesquels il y a beaucoup de transactions, produits dits « dans l'argent » *(in the money)*.

Ainsi, alors que pour l'industriel producteur de jus d'orange l'option constitue une *assurance*, elle n'est pas gérée par la banque comme ferait une compagnie d'assurances, en répartissant le risque sur plusieurs actifs et plusieurs contreparties et en espérant qu'en moyenne elle s'y retrouvera. Non, la banque équilibre sa gestion *sur chaque option*. Cela ne l'empêche pas, au demeurant, de souhaiter diversifier ses contrats et ses transactions pour diminuer les risques secondaires, mais l'extension des produits dérivés et de leurs marchés repose sur cette gestion particulière (appelée aussi, pour des raisons techniques, gestion en delta neutre [1]) dont une des caractéristiques est de nécessiter beaucoup de transactions sur le même actif. Cela explique l'énormité des chiffres des transactions sur les devises [2]. Ce type de gestion permet d'éviter les risques. Il est intéressant de noter qu'il rend impossible une taxation directe et systématique sur les transactions – comme il a été envisagé – sans mettre en péril l'usage des produits dérivés ou réintroduire de graves incertitudes [3].

L'importance historique de l'évaluation par couverture ne peut être clairement perçue que si on la compare à la méthode naturelle d'anticipation au sens des moindres carrés dans l'esprit de Bachelier.

Plaçons-nous dans le cas où la banque vend une option européenne d'achat (un *call*) à trois mois de prix d'exercice K sur un actif quelconque. Cela signifie que, si dans trois mois le cours de l'actif est plus bas que K, elle n'aura rien à payer. Si, au contraire, il est plus grand que K, elle aura à verser la valeur du cours moins K. Donc, en bonne rationalité classique, celle en usage jusqu'aux années 60, la banque doit tenter de savoir, pour fixer le prix de vente, si le cours va monter ou descendre, plus précisément elle va tenter d'estimer *la loi de probabilité* du cours à l'échéance et va calculer *l'espérance de sa perte* qui sera le prix qu'elle va proposer au client (avec une petite marge en plus pour ses frais, marge supplémentaire qu'elle prend d'ailleurs aussi dans l'approche par portefeuille de couverture). Car, en choisissant cette espérance, elle minimise le risque au sens des moindres carrés. En conséquence, la banque va faire appel à ses experts pour obtenir une évaluation de la loi de probabilité en question. Ses économistes, les « fondamentalistes » qui étudient l'actif lui-même et sa santé économique, vont

---

1. Voir Gestion des options dans le glossaire *in fine.*
2. Voir la mise au point à ce sujet à la fin du chapitre VI.
3. Les raisons sont techniques mais on peut dire que de telles taxations auraient un effet analogue à celui d'une taxe sur l'usure des freins pour le trafic automobile ! Indépendamment du fait qu'elles pénaliseraient la place financière où elles seraient appliquées.

se mettre au travail. S'il s'agit d'une action, ils vont examiner les indicateurs de performance de l'entreprise, son bilan, ses délais de paiements, etc. ; s'il s'agit d'une devise, ils vont regarder les déficits publics, l'inflation et les taux d'intérêts du pays concerné, etc., afin de comprendre l'évolution probable du fondamental, c'est-à-dire du sous-jacent dans sa fonction économique.

Plusieurs remarques sont à faire sur cette gestion selon la rationalité ancienne. D'abord, même en supposant que les experts de la banque soient compétents et qu'ils aient dégagé la bonne loi de probabilité, la banque n'équilibrera pas sa gestion sur cette seule transaction ; c'est sur un grand nombre d'options vendues que les pertes et les bénéfices se compenseront et que les marges bénéficiaires se dégageront.

Ensuite, si le client s'adresse à une autre banque, il aura un prix différent, car les experts ne sont pas les mêmes, certaines banques accumulent sur leurs disques informatiques des masses considérables d'informations, d'autres non. Le prix proposé par une banque est un prix équitable, eu égard à l'information économique dont elle dispose, *c'est une rationalité d'experts.*

RATIONALITÉ DE MARCHÉ

Avec la nouvelle rationalité des années 70 au contraire, en se fondant sur la possibilité de constituer un portefeuille de couverture et d'échanger comme on veut l'actif à son cours à chaque instant, le banquier suit la dynamique propre de l'actif, que tout le monde d'ailleurs peut suivre, sans chercher à porter un jugement sur son évolution. Il ne fait pas appel à ses experts, il suit la logique du marché et sa gestion est la même qu'il s'agisse d'une action de compagnie pétrolière, d'une devise ou du cours du cacao. Le plus beau est que cette gestion, qui d'un point de vue économique se fait à l'aveuglette, va lui permettre non pas de minimiser son risque *mais de l'annuler* (aux risques secondaires près, nous y reviendrons). La logique de couverture est une rationalité fondée sur les connaissances disponibles. Et (au moins dans son principe, nous y reviendrons également) c'est une non-spéculation. En effet, on n'utilise pas de projections sur la montée ou la baisse du cours, comme c'était le cas dans la méthode naturelle d'anticipation au sens des moindres carrés, qui elle, dans la mesure où les experts de la banque savent plus de choses que tout un chacun, est de nature spéculative. Ainsi, le principe de couverture est fondé sur *une rationalité de domaine public*, c'est-à-dire accessible à tous.

Cette discussion nécessiterait d'être affinée. J'ai omis, par souci de simplicité, plusieurs détails techniques qui ont une certaine importance, surtout lorsqu'il se produit des événements rares [1]. Sans approfondir l'analyse, notons simplement que les deux approches nécessitent la construction d'un *modèle mathématique* du cours de l'actif sous-jacent, mais que la signification de ces modèles est différente. L'activité bancaire n'est pas la même dans les deux cas. Si la banque réalise son estimation de prix d'option d'après le modèle de Black et Scholes, son profit n'est pas lié à sa compétence économique, mais uniquement à la marge qu'elle a ajoutée. C'est un profit commercial de type traditionnel, pour lequel elle est d'ailleurs en concurrence avec les autres banques et qui, comme pour les autres biens commerciaux, sera sensible à l'effet d'innovation seulement pendant un certain temps après l'apparition d'un nouveau produit. Mais les produits dérivés sont eux-mêmes cotés sur les marchés, et d'autres modèles que celui de Black-Scholes épousent parfois mieux la surface des prix des options selon leurs caractéristiques. Il y a un risque dans le choix du modèle, parmi bien d'autres : risques dus aux coûts de tran-

---

1. Nous avons notamment passé sous silence les actualisations qui sont à prendre en compte.

saction, risques spécifiques aux produits hors de l'argent [1] *(out of the money)* pour lesquels les marchés ne sont pas assez fluides, risque de contrepartie, etc. De sorte que l'activité bancaire ne peut être de pure technique commerciale, une compréhension de l'économie d'une part et de la pertinence des modèles mathématiques d'autre part est requise.

Ces précisions étant apportées, on peut dire que la gestion par portefeuille de couverture des produits dérivés a donné à la rationalité de marché – où les anticipations des acteurs s'expriment en fonction de leur force économique – une dimension tout à fait nouvelle, qui a d'importantes conséquences philosophiques et politiques.

Nous traiterons de ces dernières par la suite. Pour les premières, notons ici simplement qu'elle porte atteinte à une conception de l'économie appliquée qui en ferait une connaissance objective et universelle.

Lorsque certains économistes, chercheurs, universitaires ou conseillers politiques, pour tenter d'apporter des éclairages objectifs sur l'économie, s'expriment comme des experts dont le modèle serait le bon, ou, du moins, comme si un tel modèle, valide universellement, existait et était le lieu de la compréhension économique, ils considèrent que les actifs du marché ont un *fondamental* qui exprime *la réalité* économique sous-jacente. De leur point de vue, celle-ci n'est pas agitée de façon chaotique comme les cours, car les faits objectifs ne changent pas toutes les trente secondes. Ils étudient donc si des moyennes peuvent approcher ce fondamental. Si le marché s'en écarte, c'est qu'il se réfère trop à lui-même, il est instable, il forme des bulles spéculatives.

La rationalité de marché consiste au contraire à considérer que la réalité économique ce sont les prix de marché, et que pour un actif donné il y a un seul prix de marché mais différentes estimations du fondamental suivant les experts et les analystes.

---

1. Voir Hors de l'argent dans le glossaire *in fine.*

SUBJECTIVITÉ DES LOIS DE PROBABILITÉ

Une opposition tranchée se marque entre deux camps dont la conciliation est difficile à imaginer. D'un côté, on ressent que les marchés sont fous et s'éloignent ou risquent de s'éloigner de l'économie réelle. De l'autre, on considère que la scientificité d'une partie de l'économie est douteuse tant elle joue des propositions analytiques et des propositions normatives.

Il s'agit d'un véritable retournement de point de vue, analogue à celui du marxisme vis-à-vis de la philosophie hégélienne [1]. Le concret remplace l'abstrait. Nous en verrons plus loin quelques implications en termes d'instruments de pouvoir politiques. Mais, dès maintenant, il me paraît utile de souligner qu'une vision totalement objectivée n'est pas tenable. Je veux bien admettre que la science économique puisse donner des descriptions pertinentes et objectives de la réalité, mais on ne peut pas y inclure les lois de probabilités des phénomènes à venir. *Les lois de probabilité sont subjectives* [2].

De la même façon que les phénomènes physiques sont invariants dans tout changement de repère galiléen, de même les phénomènes économiques aléatoires peuvent être décrits indifféremment par toute une classe de lois de probabilités fort différentes les unes des autres et entre lesquelles il est impossible de choisir. Cette remarque est liée, dans les cas qui nous occupent de modélisation des cours, à un résultat mathématique important dû au mathématicien Girsanov. Ce théorème éclaire le débat sur l'efficience des marchés d'une vive lumière. La question de savoir si le

---

1. Cf. G. Jorland, *Les Paradoxes du capital*, Odile Jacob, 1995.
2. Cette observation est évidemment bien connue de nombreux économistes, voir par exemple S. C. Kolm, *Les Choix financiers et monétaires*, Dunod, 1967 ; ce sur quoi nous insistons ici, c'est que la gestion des nouveaux produits financiers par portefeuille de couverture en apporte une preuve d'une force nouvelle.

cours de tel actif est une martingale mathématique ou non est souvent abordée dans la littérature économique en tentant de trouver des raisons dans le comportement rationnel des agents pour qu'un équilibre de jeu équitable comme au casino pur s'établisse ; on s'imagine que cette propriété serait objective. Mais ce que dit le théorème de Girsanov [1] c'est qu'au casino, si on ne regarde pas la roulette, mais qu'on observe uniquement les gains et les pertes des joueurs sur une durée finie, *il n'est pas possible* de savoir si le jeu a un biais ou non. Disons la chose plus simplement : sur une succession de dix ou vingt lancers de dé, il n'est pas possible de savoir si le dé est pipé ou non. Pour définir une notion d'efficience qui serait objective, il faut certainement lui donner un sens beaucoup plus large. Supposer par exemple que le yen en francs et le franc en yen sont des martingales est contradictoire car une grandeur et son inverse ne peuvent pas être toutes deux des martingales. La propriété de martingale dépend des points de vue adoptés.

Autrement dit, la possibilité de faire des profits spéculatifs sur un marché ou au contraire l'impossibilité de tels profits *en espérance*, comme c'est le cas au casino, est une question qui, en général, ne peut être scientifiquement tranchée. Nous reviendrons plus en détail sur cette question de l'efficience dans la dernière partie.

---

1. Ce théorème dégage une propriété importante des processus aléatoires et peut être formulé dans un cadre très général. Pour une formulation suffisante en pratique pour la finance, voir D. Lamberton et B. Lapeyre, *op. cit.*

VI – *Couverture des risques par suivi de marché*

LA FORCE DE L'ARGUMENT ARBITRAGE/NON-ARBITRAGE ET DU PRINCIPE DE COUVERTURE

Un exemple me permettra de faire une synthèse de notre discussion et de l'illustrer. Comme le cours du dollar américain en francs français est coté à chaque instant, tous les intervenants sur le marché des devises qui détiennent un portefeuille de dollars et de francs peuvent acheter et vendre en continu l'une des devises contre l'autre. Vendre une certaine quantité puis la racheter n'est pas équivalent à acheter la même quantité puis la vendre parce que le cours varie à chaque instant. Ils tentent évidemment de vendre du dollar lorsqu'il est haut et d'en acheter lorsqu'il est bas, mais le cours s'agite de façon imprévisible. Par ces ventes et ces achats, la composition du portefeuille varie. Notons S_t le cours du dollar à l'instant t. Si l'on débute avec zéro dollar et si le portefeuille est composé de K_t dollars à l'instant t, en vendant tous les dollars à l'instant final T on réalise toujours le solde

$$\int_0^T K_t \, dS_t$$

cette quantité peut être positive ou négative : nous l'appellerons le bénéfice algébrique de la stratégie K_t. Il s'exprime toujours par une intégrale (stochastique) par rapport au cours S_t.

C'est donc cette intégrale

$$\int_0^T K_t \, dS_t$$

qu'il faut étudier. Nous sommes maîtres du choix de K_t pourvu que K_t n'anticipe pas (*i.e.* n'utilise pas ce qui se passera après l'instant t) ; en revanche, S_t nous est donné par le cours. Regardons donc ce qu'on obtient dans les exemples explicites de portefeuilles : si on prend $K_t = S_t$, ou $K_t = (S_t)^2$ ou $K_t = f(S_t)$ ou encore $K_t = F(S_t, t)$, etc., quels bénéfices algébriques obtient-on ? La réponse est qu'on obtient une très grande variété de grandeurs aléatoires, si grande que *toute* grandeur aléatoire qu'on peut définir sur le cours du dollar S_t entre les instants 0 et T est obtenue de cette façon à une constante près.

C'est là un résultat mathématique important : pour toute grandeur aléatoire H définie à partir du cours du dollars entre 0 et T donnée[1], il existe un portefeuille K_t tel que

$$H = \int_0^T K_t \, dS_t \text{ à une constante près.}$$

Le calcul de K_t à partir de H n'est malheureusement pas explicite, il n'y a pas de formule simple et l'on doit recourir à des calculs approchés.

En particulier si nous considérons une option sur le dollar d'échéance T, il existe un certain portefeuille K_t tel que la valeur de l'option s'écrive

$$k + \int_0^T K_t \, dS_t$$

Par exemple, s'il s'agit d'un *call* de prix d'exercice C, sa valeur est le maximum de $(S_T - C)$ et de 0. On note

---

1. La grandeur aléatoire H peut par exemple être de la forme g $(S_0, S_{t1}, S_{t2}, ..., S_{tn}, S_T)$ avec $0 < t_1 < t_2 < ... < t_n < T$. Dans la suite nous n'aurons affaire qu'avec le cas où H est de la forme f (S_T).

cette quantité $(S_T - C)^+$. Il existe un portefeuille K_t tel que

$$(S_T - C)^+ = k + \int_0^T K_t \, dS_t$$

Dans ces conditions, le prix de l'option (à l'instant 0) est forcément k. Car tout prix différent permettrait à l'une des deux parties de faire un arbitrage en se servant du marché puisque avec k francs en gérant un portefeuille pour qu'il contienne à chaque instant exactement K_t dollars, on réalise exactement l'option. C'est d'ailleurs ce que va faire la banque. Une fois qu'elle aura reçu k francs (plus une marge pour ses frais) en vendant l'option à son client, elle va constituer un portefeuille dit « de couverture » qu'elle va gérer – par des ventes et des achats de dollars – pour qu'il contienne K_t dollars à chaque instant, réalisant ainsi à l'échéance T ce qui lui est demandé.

On mesure combien cela constitue une rupture épistémologique en se rappelant comment était fixé le prix des options selon la rationalité en usage jusqu'aux années 60. Pour une option à trois mois sur un indice (un panier d'actions comme le CAC 40), la banque aurait eu recours à ses experts, comme nous l'avons dit, afin de faire le bilan de santé technique et financière des entreprises émettrices des actions concernées et d'estimer la tendance de l'indice. De cette étude, les experts auraient déduit une loi de probabilité de la valeur de l'indice dans trois mois, d'où ils auraient tiré la valeur moyenne espérée du contrat à terme, c'est-à-dire de l'option. Dans cette vision classique, la banque n'a rien à faire après la vente de l'option pendant trois mois sinon attendre de voir si elle est gagnante ou perdante finalement. Elle ne s'y retrouvera qu'à la longue, sur un grand nombre d'options (si l'expertise est bien faite).

Évidemment, *on ne peut plus* procéder ainsi puisque le prix déduit du travail des experts provoque en général *un arbitrage*, c'est-à-dire un profit sans risque pour la banque ou pour le client.

Il est évident que les marché dérivés, c'est-à-dire les marchés organisés d'options et autres actifs à terme, n'auraient pas pu connaître cet essor considérable depuis les années 70, si l'on en était resté à l'ancienne rationalité. Il y avait trop de risques pour les banques et, en conséquence, les options n'auraient pas rendu le même service aux industriels souhaitant se couvrir contre les risques futurs (risques de change en particulier) à cause de leur coût trop élevé.

Aujourd'hui, on se retrouve dans une situation où coexistent une bourse traditionnelle où sont cotés à chaque instant les actions, les devises et autres actifs classiques, et des marchés dérivés où sont cotés les nouveaux produits financiers (options, *swaps*, *futures*) qui sont des contrats à terme sur des actifs classiques. Autrement dit, ces nouveaux produits sont des grandeurs aléatoires définies en fonction de l'évolution des actifs classiques.

Nous le verrons dans la dernière partie, le fait que les produits dérivés sont organisés en marchés est très important et a de nombreuses conséquences économiques et politiques. Remarquons pour l'instant simplement que si l'on considère une option d'achat (un *call*) à trois mois sur le dollar, le principe de couverture et l'observation du cours du dollar nous permettent, comme nous venons de l'expliquer, de connaître le prix de cette option, du moins son prix théorique, que l'on peut comparer au prix fourni par le marché dérivé où l'option elle-même est cotée. En général, il y aura une différence de prix, petite mais significative, qui dépend de l'option. Et l'on pourra voir, à la lecture de cette différence, si le marché anticipe une hausse ou une baisse du dollar dans trois mois. Comme il y a aussi des options à six mois ou davantage, il est possible de lire sur les marchés dérivés qu'ils anticipent une hausse du dollar à trois mois mais une baisse à six mois. Cette lecture est le travail permanent des opérateurs. Étant donné la grande variété d'options d'échéances diverses, on voit que, grâce aux marchés dérivés, l'expression des anticipations des acteurs peut être plus détaillée que sur la seule bourse traditionnelle. Depuis les années 70, la rationalité de marché a marqué plusieurs points. D'abord, par son aptitude à favoriser *la mondialisation* des échanges, et c'est sûrement un phénomène d'importance historique majeure. Mais aussi par sa manière d'organiser les institutions qui a induit un déplacement sensible du pouvoir économique. L'émergence des produits dérivés et de leur cotation par des marchés organisés a joué un rôle décisif à cet égard. Car les marchés peuvent dire beaucoup plus de choses qu'avant sur l'économie, ils portent immédiatement des jugements à moyen terme, à long terme, sur les évolutions, sur les corrélations, sur les risques, etc. *Ils parlent*. Et prendre la parole c'est déjà une prise de pouvoir. Toute la question est alors d'une part les limites de ce discours, d'autre part sa légitimité.

Mais, afin d'aborder cette grande question dans de bonnes conditions, je vous propose de débroussailler une problématique où s'entremêlent des aspects économiques, mathématiques et éthiques et que nous ne pouvons pas laisser en friche : la spéculation. Qu'est-ce que c'est ? Et d'ailleurs existe-t-elle ?

MOBILITÉ DES CAPITAUX
ET COUVERTURE DES OPTIONS

Un grand nombre d'auteurs, journalistes et économistes, perpétuent une regrettable confusion dans leur interprétation politique ou philosophique des flux importants engendrés par la gestion des produits dérivés. Il est vain d'établir le relevé de cette erreur car elle se rencontre même chez d'excellents et renommés observateurs.

Je vous ai exposé le principe même de la gestion des options par *portefeuille de couverture* (en delta neutre si l'on suit le modèle de Black et Scholes, mais c'est général) tel qu'il ressort de la nouvelle façon de penser induite par le principe de couverture. C'est que les quantités de numéraire et de sous-jacent du portefeuille doivent être *en permanence* ajustées à une certaine valeur obtenue par le calcul et qui dépend du cours instantané (éventuellement de toute la trajectoire du cours depuis le début de l'option). En pratique, certes, le gestionnaire ne va pas réajuster son portefeuille toutes les minutes, car chacun de ces réajustements va entraîner des frais de transaction, faibles, mais qui s'accumulent. Il le fera du moins lorsque sa composition est trop éloignée de ce qu'elle devrait être. Le nombre et les quantités échangées pour gérer le portefeuille étant très variables en fonction de l'option et du marché, un talent apprécié chez le gestionnaire sera, compte tenu des autres portefeuilles qu'il gère, de les diminuer le plus possible.

S'il est vrai que le volume des transactions sur le marché des changes a crû au point d'atteindre environ 1 000 milliards de dollars *par jour* (en 1993 d'après la Banque des règlements internationaux), ce chiffre ne peut donc en aucune manière être identifié à la masse des capitaux internationaux qui sont à la recherche des placements les plus rentables, ni non plus être interprétés comme un volume de transactions spéculatives. En effet, ces 1 000 milliards de dollars ne sont disponibles pour personne ; pour chaque banque et pour chaque place financière, la majeure partie de ce volume se compense pour ne plus laisser qu'un faible solde.

Alerter aussi faussement l'opinion est nuisible à la juste appréciation des problèmes de la finance internationale. Précisément parce qu'ils sont préoccupants à plusieurs égards, ils appellent une réflexion à l'écart des passions et des émotions et doivent pas être transformés en puissance démoniaque, dans le seul but d'attirer l'attention du lecteur ou du téléspectateur.

Gardons en tête les ordres de grandeurs : un des coups les plus fabuleux de ces dernières années – la spéculation en 1992 contre la livre sterling – qui rendit célèbre George Soros, lui fit gagner un milliard de dollars qui font aujourd'hui 5,5 milliards de francs. Les recettes du budget général français furent de 1 264 milliards de francs en 1996, le déficit budgétaire a été en 1996 de 288 milliards de francs et celui de la sécurité sociale de 51,6 milliards. En mai 1997 les valeurs françaises représentaient une capitalisation boursière de 3 347 milliards de francs.

Troisième partie

SCIENCE ET SPÉCULATION

Nous poursuivons l'étude des marchés financiers par l'analyse de l'activité des opérateurs qui, pour le compte de banques ou d'organismes de placements, pour gérer les fonds d'entreprises à trésorerie abondante ou saisonnière, ou pour en tirer des profits, vendent et achètent des actifs et des nouveaux produits financiers sur les marchés.

VII – *Une dynamique complexe*

La première caractéristique de ces pratiques est qu'elles sont complexes. Elles font intervenir la science pour ses savoirs et ses connaissances théoriques qu'on ne peut réduire à des savoir-faire ou à des techniques, même si ces dernières les conditionnent fortement. De telle sorte que la science et la spéculation se trouvent en relation, en accointance, on pourrait dire « en intelligence ». Mais ce serait déjà porter un jugement de valeur. Remarquons que c'est un penchant éthique qui, avec la même étymologie, fait passer de complexité à complicité. Ce qui est vrai, c'est que la science et la finance jouent ensemble. Par dérive linguistique, *cum ludere* a donné « collusion » ; or il n'y a pas d'entente secrète pour tromper, donc parler de collusion serait erroné. Que dire alors ? Il y a, disons, un clin d'œil, c'est-à-dire *une connivence* (de *cum nivere*, « cligner des yeux »).

En reprenant les termes des chapitres précédents, nous pouvons formuler notre problématique de la façon suivante : au casino, le joueur fait montre d'une certaine naïveté, car la théorie des probabilités, dans sa sagesse, a montré que toutes les martingales qui le fascinent ne sont que chimères. Au grand casino financier, qui sont les plus naïfs ? Les opérateurs qui supputent des profits possibles, les investisseurs qui agissent ou les mathématiciens qui aident les uns et les autres ? La question est beaucoup moins évidente.

Pour la traiter, nous ne pouvons pas prendre pour argent comptant – n'en déplaise à certains économistes – la définition que donnent de la fonction des spéculateurs leurs partisans inconditionnels.

Aussi partirons-nous d'une acception beaucoup plus large de la spéculation financière – chercher à réaliser des profits par des transactions boursières –, et resserrerons-nous progressivement la grille sur certaines des réalités de ce vaste secteur d'activité. La thèse exposée dans cette partie s'articule autour de deux énoncés que je tenterai d'abord d'exposer, puis de critiquer ou du moins d'amender. Le premier c'est que *la spéculation est jugée utile par la plupart des spécialistes, selon des critères académiques.* Que des scientifiques en arrivent ainsi à des jugements normatifs à propos d'une pratique dont la légitimité est évidemment un problème moral et politique, le fait est suffisamment provocant pour susciter un complément d'examen. Le second, c'est que, *pour bien spéculer, il faut s'y prendre scientifiquement* ; de sorte que la spéculation est devenue un champ d'application pour la science et un débouché professionnel pour les scientifiques. On voit que ces deux assertions se renforcent l'une l'autre, elles forment un couple, au sens mécanique du terme, et engendrent une dynamique dont les conséquences peuvent avoir un certain rôle historique.

LES PROFESSIONNELS

Aujourd'hui, spéculer est un métier qui s'est développé aux États-Unis dans les années 70, après la naissance des marchés dérivés, sous le nom de *locals.* En France, l'apparition de ce métier s'est faite en 1989 sur le Matif par l'intervention des NIP (négociateur individuel du parquet) sur l'indice boursier CAC 40 et sur le contrat à terme sur taux d'intérêt dit « notionnel ». Il s'agit ici de personnes physiques qui ont le statut de commerçants et qui sont contrôlées par MATIF SA et les banques qui effectuent leurs inscriptions comptables. Évidemment les NIP ne sont pas les seuls à spéculer. Leurs interventions représentent environ 10 % du volume global.

Comment se faire une idée de la fonction sociale des spéculateurs ? Supposons qu'à Paris, par la vertu de l'organisation convenable d'une bourse entre RATP et représentants des voyageurs [1], les tickets de métro soient vendus chaque jour à un prix susceptible de varier en fonction de l'offre et de la demande. Et supposons qu'ils soient utilisables à tout moment choisi par l'acheteur pendant un mois après leur émission. La RATP – allant jusqu'au bout d'une logique amorcée à la SNCF avec le système SOCRATE – ferait ainsi payer plus cher lorsqu'il y a beaucoup de demande, et moins cher lorsqu'il y en a moins.

Chacun pouvant acheter et vendre des tickets, que va-t-il se passer ? Par le fait bien connu que, lorsqu'il pleut, on prend davantage le métro, les prix vont monter ces jours-là et les spéculateurs vont s'intéresser à la météo. Ceux qui disposeront des anticipations météorologiques les plus exactes pourront y trouver l'occasion de faire des profits sur l'achat et la vente des tickets. Ces profits non liés à des transports de voyageurs, d'où viendraient-ils ? Évidemment de ceux qui n'auraient pas spéculé de la même façon, soit qu'ils voyageassent peu et achetassent leurs tickets au dernier moment, soit qu'ils se fussent trompés dans leurs prévisions météo, et ils sont souvent nombreux.

Dans quel sens l'intervention des spéculateurs affecterait-elle l'évolution du prix du ticket de métro ? Lorsqu'il fait beau, puisque le cours est bas, ils en achètent, ce qui fait remonter le prix. Lorsqu'il pleut au contraire, puisque le

---

1. Je reprends ici en partie ma discussion de la spéculation publiée dans *Libération* du 23 mai 1994 sous le titre « Éthique et finance ».

cours est élevé, ils en mettent en vente, et font baisser le prix. La logique de leur rôle tend donc à atténuer les fluctuations du marché provenant de causes qu'ils anticipent [1]. Pour être complet, nous pouvons observer non seulement que les spéculateurs avisés provoquent un amenuisement des fluctuations des cours, mais encore que beaucoup d'entre eux prennent des risques. Les systèmes de prévisions météorologiques étant ce qu'ils sont, les possesseurs d'informations peuvent se trouver dans l'erreur et, s'ils spéculent, connaître alors des pertes au lieu de profits. Tout dépend de la validité de leur anticipation.

SPÉCULATION ET ÉCHANGES DE RISQUES

L'exemple développé ci-dessus est tout à fait dans l'esprit de la définition que donnait l'économiste Nicholas Kaldor en 1939. La spéculation est selon lui « l'achat (ou la vente) de marchandises en vue d'une revente (ou d'un rachat) à une date ultérieure, là où le mobile d'une telle action est l'anticipation d'un changement des prix en vigueur, et non un avantage résultant de leur emploi ou de leur transformation ou transfert d'un marché à un autre ».

Par leurs transactions, les spéculateurs élargissent le marché, ils sont producteurs de liquidité. Un marché nécessite beaucoup d'offres et de demandes. Faute de quoi chaque quantité échangée modifie l'offre et la demande de façon trop brutale, les prix sont mal ajustés. Du fait de leurs anticipations, les spéculateurs prennent d'ailleurs sur eux des risques qui pèsent d'autant moins sur les autres. Lorsqu'un agriculteur choisit de vendre à l'avance sa récolte parce qu'il redoute une baisse des cours, celui qui la lui

---

1. À condition que leur action sur le prix du marché reste faible. Sinon, parmi les causes de fluctuation, on doit prendre en compte les réactions des spéculateurs eux-mêmes et il se pourrait que la spéculation soit plutôt amplificatrice sur ce dernier type de fluctuation.

achète est en général un spéculateur (à la hausse). On peut estimer que l'agriculteur vend un peu moins bien que la moyenne mais qu'il le fait à un prix connu à l'avance. Il y a eu transfert de risque contre paiement au spéculateur d'une sorte de prime d'assurance.

Une semblable approche raisonnée de la spéculation, classique pour un étudiant de DEUG d'économie, montre à l'évidence que la spéculation est utile. Elle amortit les fluctuations des prix de marché et elle permet des transferts de risques pour les intervenants qui souhaitent se couvrir.

Faut-il conclure que le dossier « Spéculation » est instruit et peut être d'ores et déjà refermé ? Il faut reconnaître que le monde qui nous entoure suscite légitimement une réflexion critique plus approfondie sur les marchés financiers tant leur place est centrale dans le fonctionnement de l'économie. Peut-on raisonnablement considérer que l'allocation de ressources est optimale quand les jeunes des banlieues n'ont pas d'avenir [1], que la disparité entre pays riches et pauvres s'accroît et les craintes des mouvements de capitaux conduisent certains gouvernements à prendre des mesures propres à tuer l'investissement, l'emploi, ou un système de protection sociale ? Des économistes poussent plus loin la réflexion dans plusieurs directions, d'une part en regardant si les maux dénoncés ne viendraient pas d'obstacles au libre jeu du marché (prix plafonds, quotas, impôts, protections, rentes...), d'autre part, selon une optique plus keynésienne, en évoquant le problème de la répartition des revenus de la spéculation, de l'opportunité d'une taxe, etc.

En tout état de cause, on ne peut plus aujourd'hui se contenter de penser que les spéculateurs fluidifient et prennent sur eux les risques dont les autres ne veulent pas.

La réalité est infiniment plus complexe. Certains économistes voient beaucoup de simplicité, d'équilibres et d'harmonie où d'autres économistes n'en voient guère. Mais tous

---

1. Cf. S. de Brunhoff, *L'Heure du marché, critique du libéralisme*, PUF, 1986.

s'interrogent depuis longtemps, comme les hommes d'État, sur les moyens de conjuguer plein emploi, stabilité des prix, croissance économique et relations internationales équitables.

Notre démarche sera *descriptive et phénoménologique*. Nous allons d'abord étudier certaines *difficultés* d'analyse liées au hasard et aux risques qui sont le fond de décor des opérations sur les marchés. Cela nous permettra d'aborder ensuite avec plus de pertinence les principaux modes de spéculation et de reprendre cette analyse de la spéculation sur des bases plus claires.

Nous aborderons donc successivement le problème de *la stabilité en présence de bruit*, puis celui du *choix de la base monétaire* et enfin celui des *rapports de forces dans le risque*. Alors nous pourrons reprendre plus en détail la discussion sur la spéculation.

VIII – *Illusions du hasard*

STABILITÉ ET INSTABILITÉ
EN PRÉSENCE DE BRUIT

Une des nombreuses questions qui restent pendantes en économie financière est de savoir si le comportement des spéculateurs va dans le sens d'une stabilisation ou d'une déstabilisation des marchés.

Les krachs comme ceux de 1929 ou de fin 1987 sont dus à des paniques dont les causes apparaissent parfois minimes [1]. Ils se déroulent de manière précipitée jusqu'à ce qu'un certain nombre de conséquences économiques ou de décisions institutionnelles adviennent. L'analogie est évidente avec un corps en équilibre instable qu'une cause insignifiante engage dans une dynamique accélérée ou avec un système physique en équilibre métastable qu'une petite perturbation fait tomber dans un état plus fondamental. Mais dans le déroulement quotidien des marchés il se pourrait aussi que les opérateurs qui ne se fondent que sur l'observation de la trajectoire du cours de l'actif, le *spot*, pour y déceler des tendances à la baisse ou à la hausse, contribuent par leur comportement collectif à accentuer ces mouvements.

---

1. Voir A. Orléan, « Les désordres boursiers », *La Recherche*, n° 232, mai 1992.

Ces spéculateurs – notamment les « chartistes » dont je parlerai plus en détail dans un instant – utilisent des outils de base très répandus qui sont à la disposition des *traders* dans tous les logiciels de salle des marchés. Le caractère grégaire des anticipations courtes d'une partie des opérateurs est incontestable, et connu bien sûr des spéculateurs eux-mêmes. Si nous n'observons pas de krachs boursiers toutes les heures, c'est qu'un phénomène vient contrarier ces comportements mimétiques. Il se pourrait qu'en régime stationnaire, c'est-à-dire sur une période sans innovation économique ou médiatique marquante, ces microdéstabilisations soient freinées par une catégorie différente d'opérateurs dont les enjeux sont plus liés à *la signification économique* des actifs. C'est-à-dire des opérateurs qui achètent ou vendent des actions en conclusion d'une étude économique sur le développement vraisemblable de la branche d'activité concernée compte tenu de la saturation prévisible de la demande et des mutations technologiques escomptées, et non pas sur la seule constatation de l'évolution quotidienne des cours. Leur lecture économique de la situation les incite à juger irréalistes certains cours et ils tendent à rétablir les prix dans des fourchettes plus normales *à leurs yeux*. Un opérateur de cette seconde catégorie agit donc sur le marché en faisant valoir un point de vue sur le dynamisme réel de l'économie et, pour ce faire, il semble qu'il doive verser une sorte de rente aux opérateurs attentifs seulement à l'engouement instantané du marché...

Les phénomènes d'instabilité se produisent lorsque la cause et l'effet varient dans le même sens. En mécanique, par exemple, un corps solide mobile autour d'un axe horizontal dont le centre de gravité est au-dessus de l'axe est en équilibre instable car dévié d'un petit angle il se trouve soumis à un couple dont l'action tend à augmenter la déviation. Un grand nombre de phénomènes naturels sont régis en première approximation par une relation linéaire entre l'état et la vitesse de changement d'état. C'est très souvent le cas en chimie lorsque la vitesse d'une réaction est proportionnelle à la concentration d'un des corps qu'elle produit. Ou en économie, si le profit tiré d'une participation financière est proportionnel à cette participation et réinvesti en permanence. Au voisinage d'une position d'équilibre, on peut en général considérer que la relation entre état et vitesse de changement d'état est linéaire. Si le cœfficient de proportionnalité est négatif, la vitesse est dirigée vers le point d'équilibre : l'équilibre est stable. Si le cœfficient de proportionnalité est positif, la vitesse a le même signe que le déplacement de sorte que celui-ci augmente indéfiniment jusqu'à ce qu'un obstacle soit rencontré : l'équilibre est instable. Dans le cas d'un système déterministe, les physiciens savent depuis le début du siècle traiter de ces questions en toute généralité [1]. Leurs méthodes et leurs concepts s'appliquent aussi dans le cas aléatoire, mais ont alors une interprétation beaucoup plus délicate, les conclusions se dédoublant en quelque sorte entre ce qui se passe pour chaque trajectoire et ce qui se passe en moyenne, et ce peut être très différent.

Cela rend l'interprétation (économique et politique) des diagrammes temporels, si abondants dans la presse maintenant, plus cachée que certains commentaires pourraient le faire croire.

Pour prendre un exemple simple, considérons une première SICAV , disons obligataire et de capitalisation, formée d'un panier d'obligations qui ont toutes un rendement de 4,5 % et dont la valeur de marché est très peu variable, disons constante. Une telle SICAV est donc tout bonnement un placement à 4,5 % réinvesti en permanence. D'un point de vue physique, c'est un phénomène auto-accéléré, donc instable, quoique son instabilité aille ici dans le sens du profit.

---

1. Voir A. Liapounoff, « Le problème général de la stabilité du mouvement », *Annales de la Faculté des sciences de l'Université de Toulouse*, 9, 1907.

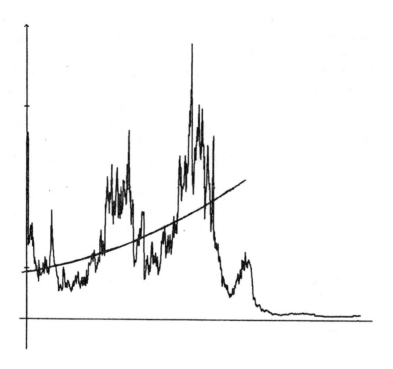

Un phénomène auquel sa dynamique naturelle donne un comportement croissant et accéléré en l'absence de bruit peut avoir un comportement très différent en présence de bruit. Un bruit fort empêche de savoir
si la dynamique sous-jacente est stable ou instable.

Considérons maintenant une autre SICAV, tout à fait
analogue, obligataire et de capitalisation, formée d'obligations dont la valeur de marché est très variable. Un bruit
se superpose à la dynamique précédente. L'hypothèse la
plus simple est que ce bruit est proportionnel à la valeur
des obligations, et on peut appeler le cœfficient de proportionnalité la *volatilité* de ces obligations car nous obtenons
un modèle mathématiquement identique à celui des cours
de Black et Scholes. Si la volatilité est faible, notre
deuxième SICAV se comportera *grosso modo* comme la
première, elle sera simplement plus oscillante. Mais si

l'agitation est plus grande et la volatilité vient à dépasser une certaine valeur de seuil, ici 3 %, le comportement qualitatif de notre deuxième SICAV change. En moyenne elle a un revenu de 4,5 %, mais cette moyenne n'apparaît pas sur chaque trajectoire, c'est une moyenne abstraite qui s'observerait si on avait un grand nombre de telles SICAV indépendantes. Ce qu'on voit sur une trajectoire c'est que la SICAV s'agite énormément lorsque sa valeur de marché est haute, mais qu'en revanche elle s'endort lorsque sa valeur est basse, à tel point qu'elle finit par s'endormir complètement vers zéro.

Peu importent les valeurs numériques exactes, elles résultent de calculs à partir du modèle de bruit dans les détails desquels nous n'entrerons pas. Ce qui compte, c'est qu'on voit apparaître un seuil au-delà duquel il y a changement de comportement. La présence d'un bruit fort a mécaniquement *stabilisé* le système, et donc ici, malheureusement, a conduit à la perte de l'investissement initial.

On peut présenter ce phénomène de façon plus concrète en considérant un économiste amateur qui tente de refréner une pulsion pour le jeu en fréquentant une fois par an le casino. Prudent, il a pris le soin de placer sa fortune à 10 % annuellement et par prudence également il ne joue chaque année que la moitié de sa fortune sur « pair ». Un vrai joueur aurait une martingale plus sophistiquée, mais nous ne voulons pas compliquer le problème. Dans ces conditions, *il va à la ruine*. L'effet cumulé de son placement et de son jeu, pourtant équitable, autrement dit à somme nulle, fait tendre sa fortune vers zéro [1].

Il est sans doute plus intuitif de présenter cet *effet* en partant du cas où notre amateur ne fait que jouer la moitié de sa fortune chaque année sans placer son argent : on

---

1. Et ce résultat serait encore vrai si son argent était placé à 15 % annuellement, mais il en irait autrement s'il était placé à 16 %, auquel cas il s'enrichirait de plus en plus malgré les oscillations.

ne sera pas surpris alors de sa ruine progressive puisque lorsqu'il perd il divise sa fortune par 2 tandis que lorsqu'il gagne il ne la multiplie que par 1,5. La ruine reste la seule issue à long terme si l'argent est placé à faible taux, mais la situation se retourne lorsque le taux est fort. La morale de la fable est donc qu'avec un placement à 10 %, notre amateur joue beaucoup trop gros en jouant *la moitié* de sa fortune. De la même façon qu'avec un taux de 4,5 % la SICAV ne peut se permettre longtemps une volatilité de plus de 3 %.

Lorsqu'une grandeur économique tend vers zéro, c'est la ruine s'il s'agit d'une fortune, le retour à la rentabilité s'il s'agit de pertes. Dans les deux cas, le bruit peut faire illusion. La question est de savoir *si de l'observation d'une évolution on peut déduire et la dynamique déterministe sousjacente et l'amplitude du bruit.* Car alors pourra-t-on, peut-être, considérer que la dynamique déterministe correspond sur une certaine période de temps à la réalité économique, le fondamental, et trouvera-t-on des explications pour le bruit observé.

Ici encore les changements de repères probabilistes de Girsanov donnent une réponse définitive. *Seul le bruit (la volatilité) peut être connu précisément*; la dynamique déterministe sous-jacente ne peut faire l'objet que d'une vraisemblance d'autant plus floue que le bruit est grand.

En résumé, que le marché d'une grandeur soit en équilibre stable ou instable, ça ne se voit pas. C'est une propriété qui dépend de la dynamique sous-jacente et de son rapport à l'ampleur du bruit. Pour l'évaluer, il faut donc *comprendre* le rôle de cette grandeur dans le fonctionnement économique. Mais, là, fréquemment les opinions divergent. C'est bien naturel. Cette compréhension repose sur un acte de foi dans un ensemble de jugements concernant les forces économiques et leurs résultats vraisemblables dans l'avenir. De sorte que beaucoup d'opérateurs n'y voient que de la subjectivité et tentent de ne pas s'éloigner de la rationalité de marché. Ils considèrent que l'opinion exprimée par les cours au comptant et à terme sur les marchés financiers est la seule réalité objective et non telle ou telle interprétation.

LE PROBLÈME DE LA BASE MONÉTAIRE

On peut se représenter ces différentes croyances, ces « idéologies économiques » pour ainsi dire, comme des probabilités *a priori* sur l'avenir. Elles constituent entre elles des terrains de conflit. Il est clair que n'importe quelle banque ou entité capitaliste a intérêt à faire croire que ce à quoi elle participe va prendre de la valeur et elle va s'attacher à mettre en avant les éléments de preuve qui vont dans ce sens car ces informations sont fortement autoréalisatrices [1]. Un rôle essentiel est joué par la monnaie dans cette petite guerre. Dès lors que les devises ont des fluctuations bruitées les unes par rapport aux autres, faire ses comptes dans une monnaie ou une autre n'est pas indifférent. C'est surprenant mais la meilleure stratégie rationnelle n'est pas la même dans les deux cas. Une entreprise astreinte à faire son bilan en francs n'aura pas le même résultat en dollars. À cause du change au moment du bilan, mais aussi parce que certaines situations risquées d'un côté – des ventes en dollars suivies d'achats en dollars par exemple – ne le seront pas de l'autre et feront apparaître des frais de couverture différents. Comptabiliser certaines de ces opérations financières dans la rubrique « hors bilan » ne change pas le fait important que l'optimisation des choix pour l'avenir n'est pas la même dans les deux cas.

---

1. À tel point que plusieurs observateurs ont noté que certaines entreprises américaines avaient licencié du personnel avec grand fracas d'information à la presse et en avaient réembauché en catimini simplement pour obtenir une bonne note de gestion des agences spécialisées.

Pour une banque qui participe à une activité économique très localisée dans la zone d'influence d'une monnaie, les aléas économiques sont le plus souvent corrélés avec les variations des taux de change, et les projections optimales en avenir incertain dépendent du numéraire dans lequel elles sont formulées. Un exemple enfantin fera comprendre le phénomène. Supposons qu'on puisse payer en pommes ou en oranges. Aujourd'hui nous avons le choix entre acheter un parapluie ou une paire de lunettes de soleil. Leur prix est le même, il est d'une pomme ou d'une orange. Si demain il fait beau, les lunettes auront pris de la valeur ainsi que les oranges, s'il pleut c'est le contraire.

Le lendemain, le taux de change s'établit ainsi :

demain	s'il fait beau	s'il pleut
taux de change	une orange vaut 2 pommes	une orange vaut 1/2 pomme

et quant aux prix ils s'établissent ainsi :

demain	s'il fait beau	s'il pleut
lunettes de soleil	2 pommes ou 1 orange	0 pomme ou 0 orange
parapluie	0 pomme ou 0 orange	1 pomme ou 2 oranges

Considérant qu'aujourd'hui il y a une égale probabilité qu'il pleuve ou qu'il fasse beau demain, on voit que, si l'on compte en oranges, la valeur espérée des lunettes est 1/2, celle du parapluie 1. Si l'on compte en pommes, c'est l'inverse : la valeur des lunettes est 1, celle du parapluie 1/2.

Si un organisme financier français travaille à l'échelle internationale et si ses contreparties – entreprises à qui il prête ou avec lesquelles il signe des accords – utilisent de façon prépondérante le dollar, il est compréhensible que la direction générale cherche une rationalité commune aux diverses filiales et soit attirée par la rationalité en dollars de façon très naturelle. Elle abandonne une logique hexagonale. Mais comme nous l'avons vu, les performances d'une entreprise gérée en dollars ne peuvent être traduites en francs par une simple multiplication. Les décisions à moyen terme, les avoirs dépendants du temps, les estimations de risques, font intervenir des probabilités différentes. Et quoi que puissent en penser les Américains, dès lors que le franc oscille de façon bruitée par rapport au dollar, la rationalité en dollars est pour les Français et les Européens une irrationalité.

Il est clair, en particulier, que *du strict point de vue financier* la mise en œuvre par la monnaie unique d'une rationalité européenne n'est sûrement pas vaine lorsqu'on sait que l'Europe est la première puissance commerciale du monde. Pourtant plus de la moitié des échanges mondiaux sont encore actuellement libellés en dollars. Au demeurant, évidemment, l'aspect financier n'est qu'un enjeu parmi d'autres beaucoup plus importants qui sont sociaux et culturels, qui doivent certainement retrouver une place de prémisse et non de conséquence dans le dispositif de la construction européenne, nous y reviendrons dans la dernière partie.

LES RAPPORTS DE FORCES DANS LE RISQUE

Chacun des pays européens pris isolément est faible vis-à-vis des capitaux mondiaux qui se déplacent à la recherche des meilleures opportunités de profit. Mais que signifie véritablement « fort » ou « faible » en finance ? Les règles du jeu financier comme celles des jeux de hasard sont les mêmes pour tout le monde.

C'est en pratiquant ces derniers qu'on appréhende ces situations : dès lors qu'on ne dispose que d'une fortune finie, si un grand nombre de parties est nécessaire pour gagner, on risque fort d'être ruiné avant. Le poker le démontre assez bien, mais l'analyse de ce jeu est trop compliquée pour servir d'exemple. Le jeu qui illustre le mieux la problématique fort/faible actuelle en finance est un jeu africain. Quoique les salles des marchés se sentent peu concernées par ce continent en majeure partie en deçà du seuil de pauvreté, l'Afrique est une mine de jeux populaires mathématiques (que les universitaires de l'ex-AEF ont exploités dans un travail de refonte des manuels scolaires français afin de les adapter à la culture locale [1]). C'est un vieux jeu de Côte-d'Ivoire – le jeu de la calebasse – qui, à mon sens, est la meilleure formation préprofessionnelle aux métiers de la finance.

Le jeu se joue à deux ou plusieurs joueurs. Chaque joueur dispose de graines d'une certaine couleur et toutes les graines sont de forme identique. Autant de couleurs que de joueurs. Le principe de chaque coup est que chaque joueur met dans la calebasse un certain nombre de ses graines, autant qu'il veut. La calebasse est une sorte de gros melon creux dans laquelle on a pris soin de laisser l'amorce d'une tige intérieure sur laquelle une seule graine peut tenir. Elle est secouée jusqu'à ce qu'une des graines vienne se loger sur la tige et le joueur de la couleur correspondante remporte toutes les graines qu'elle contient.

Après quoi, on compte, on échange les graines pour garder sa couleur, et diverses variantes viennent compléter la règle du jeu selon que chaque joueur connaît ou non les

---

1. Voir Cl. Zaslavsky dans *L'Afrique compte ! Nombres, formes et démarches dans la culture africaine*, Éd. du Choix, 1995 ; voir aussi S. Doumbia *et al.*, *Mathématiques dans l'environnement socio-culturel africain*, Institut de recherches mathématiques d'Abidjan, 1984.

mises des autres, etc. On peut jouer de l'argent avec des fortunes initiales identiques ou non, avec emprunts possibles ou non, avec intérêt ou non, etc.

Comme on s'en convainc aisément, le jeu est équitable, chaque joueur a une espérance de gain nulle à chaque partie. Deux stratégies viennent immédiatement à l'esprit. La première, prudente (apparemment), consiste à limiter les pertes possibles. Jouer très peu afin, pense-t-on, de tenir le coup longtemps. C'est une stratégie d'aversion du risque. La seconde est de tenter d'emblée le tout pour le tout, stratégie de propension pour le risque.

Vous pouvez éprouver ce que signifie le rapport de forces en finance en prenant conscience de ce constat crucial que *la stratégie prudente est catastrophique si le joueur adverse a beaucoup de graines et s'il suit la stratégie audacieuse.* Le joueur prudent mesure en effet, en payant, combien les événements rares sont rares !

Quelles que soient les stratégies des joueurs, si l'on part de fortunes égales, le jeu se déséquilibre rapidement, et il est clair que celui qui a le plus de graines a un avantage. Ne serait-ce que parce que, tant qu'un joueur a plus de graines que son adversaire, il a à sa disposition plus de stratégies que lui puisqu'il peut mettre plus de graines s'il le souhaite. Une pratique du jeu enseigne mieux que de longs discours qu'en fait *son avantage réside dans la possibilité de pouvoir prendre plus de risques* que son adversaire.

Mais ici « risques » est à prendre en un sens particulier qui n'est pas qualifié par le premier moment (l'espérance) ni le deuxième moment (la variance), mais plutôt par le troisième moment [1], ou par d'autres grandeurs qui lui sont liées.

Le tableau page suivante indique les valeurs des moments de la loi de probabilité des gains des joueurs, suivant que les mises sont symétriques ou non.

---

1. Voir Moment dans le glossaire *in fine.*

		1er moment (espérance)	2e moment (variance)	3e moment
chaque joueur mise 4 graines	gain du 1er joueur	0	16	0
	gain du 2e joueur	0	16	0
le 1er joueur mise 2 graines et le 2e joueur mise 8 graines	gain du 1er joueur	0	16	+ 96
	gain du 2e joueur	0	16	– 96

Le joueur qui mise un grand nombre de graines par rapport à l'autre, dont nous avons dit qu'il était avantagé, a pour son gain une loi de probabilité très déséquilibrée : il perd beaucoup avec une très faible probabilité et gagne peu avec une probabilité proche de 1.

Analogie dynamique de la loi de probabilité du résultat du jeu pour le joueur 1:

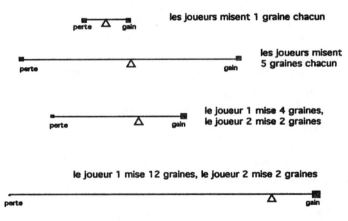

La loi de probabilité du gain d'un joueur peut être représentée comme une tige matérielle. Dans le cas d'un jeu équilibré, la tige est en équilibre sur un appui placé en zéro, comme pour le jeu de la calebasse. Si l'un des joueurs mise beaucoup de graines et l'autre peu, la tige est très dissymétrique avec un fort effet de levier.

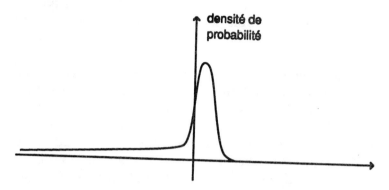

Le jeu de Saint-Pétersbourg montre que les lois de probabilités où l'on perd beaucoup avec une très faible probabilité sont des configurations de risque qui seront plutôt recherchées par les opérateurs que les situations contraires.

Comme le jeu est à somme nulle, le centre de gravité de la loi de son gain est tout près d'une des extrémités, elle fonctionne comme un pied de biche *en bras de levier.*

Le phénomène est profond et intimement lié à la notion même de hasard. Il est connu depuis très longtemps et a été porté à une forme extrême tout à fait frappante dans *le paradoxe de Saint-Pétersbourg,* qui peut s'énoncer ainsi :

Combien seriez-vous prêt à payer pour jouer au jeu suivant ?

On tire à pile ou face, vous recevez 2^n francs si pile est obtenu pour la première fois au nième lancer.

Cette question fut posée par Nicolas Bernoulli en 1713 et étudiée par Daniel Bernoulli dans des mémoires de l'Académie de Saint-Pétersbourg[1].

Vous noterez que le jeu auquel on vous propose de

---

1. Sur l'histoire du paradoxe de Saint-Pétersbourg et ses liens avec les fondements de la théorie de la décision, voir G. Jorland, « The Saint Petersbourg paradox », in *The Probabilistic Revolution*, eds. L. Krüger, L. J. Daston, M. Heidelberger, MIT Press, 1987.

participer ne peut que rapporter de l'argent. Il est normal d'avoir à payer un droit pour y accéder. La question est : quel montant seriez-vous prêt à verser pour accéder au jeu ?

Si vous répondez 1 000F, vous vous placez dans la situation suivante : si pile tombe avant le 10e coup, vous perdez de l'argent (488 F au moins) ; si pile tombe pour la première fois au 10e coup ou après, vous gagnez quelque chose. On perçoit bien que c'est une mauvaise configuration du risque : vous gagnez beaucoup avec une très faible probabilité et vous perdez avec une probabilité proche de 1 (ici 0,998).

Or, et c'est là que la théorie des probabilités apparaît paradoxale, selon le critère de l'espérance du gain, vous devriez accepter de verser une somme infinie pour jouer à ce jeu. Autrement dit, au sens de la décision rationnelle classique, on est encore avantagé si on propose de payer un million de francs pour tenter sa chance à ce jeu !

Ces considérations sont absolument primordiales en finance.

Il est évident que les bras de levier importants introduisent des pertes exceptionnelles élevées. Ils font planer sur les marchés ou sur les banques des éventualités de cataclysmes plus ou moins dévastateurs. C'est d'autant plus inquiétant qu'en cette période de faillites fréquentes on peut craindre *un effet dominos* prolongé, et des effondrements de cours dus à des paniques communicatives. Plusieurs coups de semonce ont alerté l'opinion : la crise mexicaine et l'effondrement du peso en décembre 1994 et janvier 1995, la faillite de la Barings en février 1995, les pertes de Daiwa sur le marché obligataire en septembre 1995, encore plus récemment celles de Sumitomo sur le marché du cuivre. Chaque cas a ses spécificités et mériterait d'être étudié en détail. La grande presse s'en fait l'écho périodiquement de façon plus ou moins alarmiste,

voire apocalyptique [1]. Il convient au demeurant de souligner que les banquiers, les trésoriers d'entreprises et
les fonctionnaires des finances sont très conscients de
ces risques et travaillent à la mise en place de
réglementations.

Elles consistent à limiter les effets de levier partout où
ils apparaissent. D'abord au niveau national, dans le cadre
de la gestion de la masse monétaire par la banque centrale,
les banques sont assujetties à respecter un rapport entre les
encours qu'elles possèdent et les prêts qu'elles accordent
aux particuliers et aux entreprises [2]. Ensuite au niveau
international, des recommandations de plus en plus strictes
et de plus en plus détaillées sont mises au point [3] afin que
les établissements financiers importants puissent contrôler
leurs risques. Il est sûr que les produits dérivés méritent une
attention particulière dans l'analyse des risques précisément parce qu'ils autorisent des configurations très dissy-
métriques. « L'un des points les plus controversés des produits dérivés est *l'effet de levier* : une somme d'argent limitée
permet d'acheter une exposition au risque du marché très
importante [4]. » Sans qu'il soit question d'empêcher qui-
conque de spéculer comme il l'entend pour son propre
compte, les établissements bancaires qui gèrent pour autrui
ont une responsabilité déontologique qui les oblige à une
gestion prudentielle leur permettant aussi de conserver leur

---

1. Cf. par exemple Susan George, « Faillites du système libéral, le
danger d'un chaos financier généralisé », *Le Monde diplomatique*, juillet
1995.
2. Dans les travaux de réglementation prudentielle, le terme d'*effet de
levier* est employé en un sens plus général que celui lié à la forte dissymétrie
des lois de probabilité et inclut les fortes dissymétries dans le temps entre les
sommes engagées (faibles) pour prendre des risques à terme (élevés).
3. Citons les travaux du Comité Cooke puis du Comité de Bâle
(lignes directrices pour la gestion des risques liés aux instruments dérivés, juillet 1994 ; surveillance prudentielle des activités des banques sur
instruments dérivés, décembre 1994), du Comité technique de l'OICV
(juillet 1994).
4. J. Scheinkman, « Produits dérivés et effet de levier », *in* B. Jacquillat et J. M. Lasry, *op. cit.*

image de sérieux. Ces méthodes consistent en premier lieu à *relever* (quotidiennement en général) le prix de marché *(mark to market)* de tous les actifs détenus [1], ensuite à calculer *la sensibilité* de cette position aux variations du marché sur une période de référence (un jour, un trimestre, etc.), enfin à définir *des bornes* aux risques admissibles. Comme le marché est agité, vont intervenir dans ces calculs *les volatilités* qu'on peut appréhender de diverses façons, historiquement en faisant des statistiques sur les cours et leurs corrélations, ou par mesure directe instantanée des agitations, ou encore par mesure indirecte (volatilité implicite) en se servant des prix du marché des produits dérivés eux-mêmes qui renseignent sur l'opinion du marché quant à la volatilité du sous-jacent. Les bornes assignées au risque sont le plus souvent de la forme : « perte supérieure à k avec probabilité inférieure à p » mais peuvent traduire un système de contraintes plus élaboré selon les structures décisionnelles des divers services de la banque [2].

Une première remarque de bon sens s'impose. Cette réglementation n'aurait pas lieu d'être s'il n'y avait pas une propension naturelle des spéculateurs à prendre des risques, ce qui confirme l'avantage inhérent au bras de levier ainsi qu'il ressort de notre analyse du jeu de la calebasse.

Seconde observation, les méthodes de contrôle prudentiel, quelles qu'elles soient, ignorent les très faibles probabilités. Les événements très rares passent au travers des mailles du filet pour un grand nombre de raisons : on ne connaît pas les queues des lois de probabilités et l'on adopte des hypothèses gaussiennes même lorsqu'elles ne vont pas dans le sens de la sécurité, les corrélations sont mal

---

1. Ce qui est évidemment assez différent de ce que serait le montant d'une vente *effective* de tous ces actifs (de même qu'une offre d'OPA ne correspond pas à la valeur de la capitalisation boursière d'une société).
2. Les usages en matière de gestion prudentielle sont présentés et discutés notamment par D. Cherpitel, R. Litterman, P. Reyniers et S. Migrahi dans *Risques et Enjeux des marchés dérivés, op. cit.*

connues et les moments d'ordre 3 et au-delà encore moins bien, enfin les événements rares dans les classifications méthodiques ne sont pas répertoriés car la combinatoire qui les définit est trop ramifiée. Or avec les produits dérivés les pertes sont potentiellement illimitées.

Ces deux remarques permettent d'expliquer la *fuite en avant* des traders qui leur fait prendre plus de risques que leurs directions générales n'imaginent et même plus de risques qu'ils n'imaginent eux-mêmes [1]. Comme au jeu de la calebasse, ils ont tendance à *configurer leur risque* de telle façon qu'il y ait un certain profit avec une probabilité proche de 1 et une perte importante avec une probabilité très faible. Mais cet événement rare, de couverture en couverture, peut être retravaillé pour porter sur plusieurs actifs, plusieurs périodes, et concerner plusieurs régions du monde, de sorte qu'il semble avoir disparu complètement. Alors l'opérateur s'imagine qu'il a dégagé une astucieuse spéculation, en tout cas si l'événement rare se produit ce sera avec une perturbation des marchés suffisamment large et exceptionnelle pour que sa responsabilité personnelle soit hors de cause. À propos de la Barings, il semble précisément que cet *étalement* du cas défavorable n'ait pas été du tout la préoccupation de N. Leeson qui gérait une position sur l'indice Nikkei entre Tokyo, Osaka et Singapour. La fuite en avant est au fond la réussite parfaite d'un opérateur, le gain arrive presque sûrement et la perte s'évanouit dans des événements impalpables.

De l'examen de ces difficultés nous sommes à même de tirer maintenant quelques enseignements. En premier lieu, l'étude de la stabilité en présence de bruit nous a montré que celui-ci change le comportement des systèmes auto-accélérés. Il peut modifier leur stabilité. L'observation d'une dynamique bruitée fournit aisément l'amplitude relative du

---

1. N. B. et B. Walliser, « Fuite en avant », *Le Monde des débats*, juillet-août 1994.

bruit, la volatilité, mais ne renseigne guère sur la dynamique sous-jacente. Notamment, il est illusoire de vouloir retrouver le fondamental par une manipulation uniquement mathématique telle que moyenne mobile ou autre lissage. Les changements de repères probabilistes de Girsanov montrent à l'évidence que, sur une durée finie, des fondamentaux de tendances nettement différentes peuvent être associés à une trajectoire donnée. En deuxième lieu, nous avons vu que la référence monétaire n'est pas une simple unité de mesure physique. On peut passer comme on veut des unités traditionnelles britanniques au système métrique, cela ne change pas les lois physiques. Mais, dès lors que le franc et la livre sterling fluctuent avec une composante de bruit aléatoire l'un par rapport à l'autre, les décisions optimales d'une entreprise ne sont pas les mêmes dans l'une ou l'autre monnaie. Il y a en quelque sorte une *Weltanschauung* légèrement différente dans les deux cas. Évidemment cela ne se produisait pas lorsque les taux de change étaient fixes, et inversement, si la volatilité du taux £/FF devenait grande, la lutte entre ces deux visions du monde s'exacerberait davantage et deviendrait plus coûteuse.

En troisième lieu, nous avons analysé les rapports de forces dans le risque et vu que le hasard imposé par les marchés donnait un avantage stratégique aux gros intervenants par rapport aux petits et obligeait ces derniers à des protections. Notons qu'il faut se garder de tirer trop hâtivement des conséquences politiques de cette remarque, ne serait-ce que parce que certains très gros intervenants comme les fonds de pension sont des coalitions de petits épargnants. Nous avons vu également que le rapport de forces se concrétisait par une configuration particulière du risque présentant un effet de levier important qui incitait les opérateurs à dissimuler et à ignorer les événements très rares dans une fuite en avant que la réglementation prudentielle internationale, encore timide et peu étanche, tente de limiter.

Grâce à cette analyse nous pouvons nous tourner à nouveau vers la spéculation, objet principal de cette partie, et y déceler en fait plusieurs activités différentes mais en relation les unes avec les autres, qui forment une structure ou une topique présentant, semble-t-il, une grande permanence [1]. On peut distinguer trois champs : économique, psychologique, mathématique. Commençons par la spéculation économique.

---

1. Le terme « topique », qui désigne en psychanalyse un modèle théorique de fonctionnement psychique, convient particulièrement bien car, comme nous le verrons, le spéculateur tente d'opérer dans l'espace non conscient des autres intervenants.

IX – *Trois types*
de spéculation

SPÉCULATION ÉCONOMIQUE

C'est celle qui repose sur une anticipation à moyen terme fondée sur une connaissance de la vie économique, de la qualité de gestion de telle entreprise ou de la vitalité de tel secteur. Elle s'appuie sur la conviction que la science économique appliquée aux données réelles peut, par ses analyses du marché, fournir des explications pertinentes. Peut-être était-il possible en décembre 1994, par une étude de la situation des pays producteurs, du niveau des stocks, de la demande des pays consommateurs et des caractéristiques du marché, d'anticiper que le sucre blanc coté 430 dollars la tonne allait chuter en janvier 1995. Prendre une telle « position » en vendant à terme rapportait 35 dollars pour 430 investis en un mois. Quelles sont les raisons pour lesquelles le cours du café augmente de 135 % de novembre 1993 à novembre 1994 et celui du soja diminue de 20 % durant le même temps ? Certains spécialistes semblent le comprendre. Les facteurs concernant les structures agricoles, les systèmes commerciaux et de transport, ainsi que les mouvements de capitaux d'un marché à un autre, constituent une compréhension de la vie économique que les anticipations des spéculateurs vont exprimer dans les prix.

La spéculation économique est fondée sur une projection dans le temps, d'un mois, trois mois ou davantage, période suffisante pour qu'on puisse considérer que l'économie a changé : l'économie, au sens de la connaissance des productions et des échanges qui se situe derrière la brume des fluctuations désordonnées du marché. Souvent, dans les ouvrages des économistes classiques, on projette cette acception particulière sur l'ensemble de l'activité spéculative [1]. On comprend dès lors pourquoi celle-ci est présentée positivement : si l'évolution du cours du café et celle du soja étaient totalement incompréhensibles par les outils et concepts de l'économie, c'est l'aléatoire pur qui régnerait, et la science économique ressemblerait à une chasse aux fantômes. Il est incontestable qu'une part des prises de position se fait d'après des analyses économiques, même si on ne sait pas très bien quelle part.

Les grands déplacements de capitaux sont en général l'expression de la spéculation économique. On estime qu'en 1991 les deux cents plus importants fonds de pension américains, européens et japonais contrôlaient 8 000 milliards de dollars, à comparer aux quelque 500 à 600 milliards détenus par les réserves officielles de ces mêmes pays. Si une partie significative des capitaux détenus par les fonds de pension se porte sur une monnaie au détriment d'une autre, l'ensemble du système monétaire régional est déstabilisé. La situation est simple et nullement paradoxale : certains intervenants ont un poids tel que leurs interventions modifient partiellement, mais significativement, l'économie. Leur liberté d'initiative leur donne un avantage sur les

---

1. Tel n'est pas le cas de Keynes qui procède à une séparation conceptuelle plus nette en réservant un mot particulier pour l'analyse à longue échéance : « S'il nous est permis de désigner par le terme de *spéculation* l'activité qui consiste à prévoir la psychologie du marché et par le terme *entreprise* celle qui consiste à prévoir le rendement escompté des actifs pendant leur existence entière, on ne saurait dire que la spéculation l'emporte toujours sur l'entreprise. Cependant le risque de prédominance de la spéculation tend à grandir à mesure que l'organisation des marchés financiers progresse » (J. M. Keynes, *General Theory*, Mac Millan & Co, 1935).

autres pour leurs anticipations qu'ils sont les seuls à connaître.

Lorsque les capitaux fuient un pays, la monnaie s'y effondre et les capitaux s'en vont de plus belle – on l'a vu lors de la crise de la livre sterling en 1992 qui rendit célèbre le spéculateur George Soros –, de sorte que ce phénomène, une fois amorcé, est auto-amplifié. Dans ces conditions, les décisions des gros intervenants, lorsqu'elles sont prises au moment où la vie politique et économique de tel ou tel pays est marquée d'un fait nouveau significatif, vont être suivies par un cortège d'imitateurs qui accentuera l'effet de leur initiative. Si tel fond de placement quitte un marché, après un relèvement du salaire minimum du principal pays concerné, et se porte sur un autre marché au moment, par exemple, où y est mis en vente une compagnie nationale privatisée, il vendra *avant* que les cours dont il se dessaisit baissent réellement et achètera *avant* que ceux qu'il investit grimpent notablement. Il peut répéter l'opération indéfiniment par une promenade bien gérée et réaliser de gros profits. Ce scénario peut prendre diverses formes qu'on peut regrouper sous l'appellation générique d'*effet Topaze* pour rendre hommage à la lumineuse gestion municipale inventée par Marcel Pagnol consistant à déplacer les vespasiennes successivement devant tous les cafés de la ville [1]...

SPÉCULATION PSYCHOLOGIQUE

La spéculation psychologique est une activité moins spectaculaire et beaucoup plus minutieuse. Elle est fondée

---

1. Certains économistes considèrent qu'il existe une théorie des mouvements de capitaux dont relèvent le cas que nous venons d'évoquer et d'autres. Ces idées, adaptation des rationalités analytiques élaborées pour l'optimisation de portefeuille, sont intéressantes comme éclairage mais leur valeur épistémologique est problématique dans la mesure où les gestionnaires de fonds n'y croient pas (G. Soros, *Le Défi de l'argent*, Plon, 1996) et voient dans le réel beaucoup moins de rationalité.

sur le fait que les opérateurs sont des hommes, qu'il doit donc être possible de tirer parti de leurs réactions idiosyncratiques. Ce que les spéculateurs désignent par « psychologie des marchés » ne relève guère d'une réflexion culturelle et sociologique sur la nature des penchants et des facultés psychiques qui sont en œuvre dans l'activité des opérateurs. Nous considérerons les marchés de ce point de vue dans la dernière partie. Les spéculateurs s'intéressent exclusivement à des modèles psychologiques quantifiés et aux interprétations des dynamiques financières ouvrant des possibilités de profits. Cela se présente dans la littérature comme un attirail assez hétéroclite de considérations historiques, de citations célèbres telles que celle de Charles Dow, fondateur du *Wall Street Journal* : « Buy the rumour, sell the news [1] », de principes naturels (les nombres de Fibonacci se rencontrent souvent dans la nature), de modèles de mimétisme, de démarrage de tendance, etc. [2]. Certains comportements collectifs sont évidents, mais en tirer avantage n'est pas sans difficulté car il est souvent dangereux de ne pas faire comme tout le monde. Un exemple néanmoins fera comprendre la tournure de ce type de spéculation : si pendant les deux jours du week-end tel actif n'est pas coté, à l'ouverture le lundi, le niveau de cotation va susciter des réactions. Si les premiers mouvements sont à la hausse, beaucoup d'opérateurs vont penser que les analyses faites en fin de semaine concluent à la hausse et le mouvement va s'accentuer dans les minutes qui suivent, d'où une possibilité de profit. Il convient évidemment de mettre les outils statistiques de son côté pour pratiquer cette spéculation, les

---

1. C'est-à-dire prendre une position dans le sens d'une rumeur quand elle apparaît et conclure quand les nouvelles sont là.
2. Voir par exemple L. Tvede, *La Psychologie des marchés financiers*, SEFI, 1994. Cette littérature se veut pragmatique : « dire ce qui marche ». En vérité, il faut l'être encore davantage et n'attacher de l'intérêt qu'à ce qui est dit par un praticien de talent. Mais cela n'est révélé le plus souvent que dans des cercles privés ; nous reviendrons sur cet aspect dans la prochaine partie.

habitudes et les réactions spontanées à Chicago n'étant pas exactement les mêmes qu'à Francfort ou à Tokyo.

Si l'on compare le marché au trafic automobile, les spéculateurs sont les conducteurs pressés qui veulent mettre moins de temps que les autres. Ils sont très attentifs, partent immédiatement lorsque le feu passe au vert, mettent rapidement leur véhicule à l'allure limite autorisée (ou au-delà), donc ils fluidifient le trafic, ce sont de bons usagers. Les ingénieurs du trafic confirment-ils cette façon de voir ? La réponse est nuancée : par ces conducteurs-spéculateurs le trafic n'est quantitativement que très peu amélioré et, dans leur majorité, les usagers préfèrent moins d'aléas, même au prix d'une vitesse moyenne moindre. Lorsque les services des Ponts et Chaussées ont installé sur le boulevard périphérique de Paris des panneaux indicateurs des temps de parcours prévisibles porte d'Orléans-Bercy ou porte Maillot-porte de la Chapelle, etc., le comportement des conducteurs a changé, et cette expérience est très intéressante par ses enseignements psychologiques [1]. Le flux est devenu plus régulier, les conducteurs à risques qui slaloment de file en file pour aller le plus vite possible ont disparu – ou du moins sont devenus plus rares – et les indications des panneaux, en conséquence, ont gagné en fiabilité. Les enquêtes ont montré que les usagers ont perçu, dans l'ensemble, très positivement ces aménagements, la plupart considérant qu'ils ont apporté une amélioration significative du trafic. Or les mesures effectuées montrent que cette amélioration ne se mesure pas au débit total quotidien du boulevard périphérique de Paris car celui-ci en a été très légèrement diminué. Les spéculateurs qui profitent de l'attitude passive des autres – la conduite « pépère » – améliorent donc la performance globale très légèrement, mais détériorent la perception qu'ont les usagers de la qualité du trafic.

---

1. Voir les articles de Th. Vexiau et de S. Cohen dans les *Annales des Ponts et Chaussées*, n° 78, 1996.

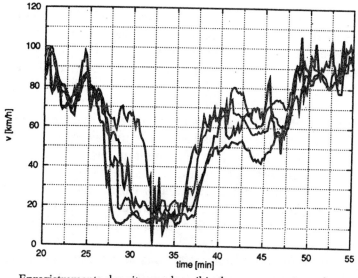

Enregistrements des vitesses des véhicules sur une voie en fonction du temps. Ces courbes ressemblent à celles des cours de bourse. Si la vitesse des véhicules varie peu ou lentement, le trafic s'écoule régulièrement, en sécurité. Au contraire si la vitesse varie beaucoup, l'écoulement est turbulent, les risques sont élevés, de même que lorsque la volatilité est forte sur les marchés.

Le marché et le trafic routier présentent l'analogie qualitative suivante :

FINANCE	TRAFIC
Valeur spot, cours instantané	Vitesse en un point à un instant du flot de véhicules
Volatilité	Écart-type de la vitesse du flot
Profit de transaction	Brièveté du temps de parcours d'un usager
Spéculateur	Conducteur qui cherche la performance d'un temps de parcours origine-destination minimal
Effet de levier	Vitesse de pointe maximale atteinte durant le parcours
Krachs d'effondrement des cours	Bouchon, encombrement, vitesse nulle

Cela est dû au fait qu'ils sont aussi une cause d'irrégularités. Par les risques que prennent ces conducteurs, de temps en temps un accident survient qui bouche le périphérique pendant plusieurs heures. En l'absence de panneaux le débit moyen est un peu plus élevé mais la variabilité (la volatilité) est fortement accrue. Les réponses aux enquêtes peuvent s'analyser en disant que les automobilistes présentent dans l'ensemble une aversion face au risque qui leur fait préférer nettement un temps de trajet un peu plus long mais sûr qu'un temps en moyenne un peu plus court mais sujet à de grandes variations d'un jour à l'autre, entraînant des retards au travail et leur rendant difficiles les rendez-vous précis et la coordination des horaires familiaux.

Sur les marchés financiers, nous ne connaissons pas les préférences des usagers. Il semble que l'opinion générale serait de préférer des volatilités plus faibles, et que l'activité des spéculateurs génératrice de risques soit diminuée [1]. Dans les limites de cette comparaison, la réglementation des effets de levier est l'analogue des limitations de vitesse : l'accident est d'autant plus grave qu'on va plus vite. En revanche, on n'a jamais tenté, à ma connaissance, une régulation psychologique du marché pour en diminuer la volatilité, encore que certaines déclarations apaisantes d'hommes politiques éminents aillent dans ce sens.

A *priori*, les produits dérivés, qui sont des indicateurs à court terme et sont cotés dans un marché spécifique, pourraient jouer le rôle des panneaux indicateurs du périphérique. Pourtant, d'après certains observateurs, leur pré-

---

1. « Il est clair que la montée en puissance des effets de levier contribue à l'existence de risques microéconomiques et à la fragilité de l'ensemble des structures financières, de telle sorte qu'une approche particulièrement prudente est indispensable » (J. Saint-Geours, in *Risques et enjeux des marchés dérivés, op. cit.*).

sence aurait plutôt tendance à augmenter la volatilité du sous-jacent [1].

SPÉCULATION MATHÉMATIQUE

Enfin, il existe un troisième type de spéculation, *la spéculation mathématique*. Ni économique ni psychologique, elle résulte simplement du fait que la complexité des instruments financiers et des modèles utilisés pour leur gestion crée des phénomènes non linéaires, des effets de courbure, ou des biais probabilistes – c'est-à-dire des avantages en moyenne (espérance) non compensés par une augmentation du risque (variance).

Donnons un exemple : la gestion, par le modèle de Black et Scholes, d'une option sur indice dont chaque sous-jacent a son agitation propre, est incompatible mathématiquement avec le modèle de Black-Scholes appliqué aux sous-jacents. C'est tout simplement dû à ce que les indices sont des paniers additifs et que l'exponentielle d'une somme n'est pas la somme des exponentielles. Il est possible d'en tirer parti en prenant garde au fait que les fluidités plus faibles des marchés sur les sous-jacents peuvent introduire des risques et des frais de transaction. L'existence de la spéculation mathématique peut apparaître surprenante. C'est que la finance est un jeu beaucoup plus complexe qu'un casino, de nombreux produits sont liés entre eux, c'est-à-dire sont des fonctions – éventuellement bruitées – les uns des autres et ces fonctions lorsqu'elles ne sont pas linéaires – comme les fonctions de valeurs à l'échéance des options – ne conservent ni le

1. « Que disent les études sur l'impact des produits dérivés sur la volatilité du sous-jacent ? Des travaux menés à la COB [Commission des opérations de bourse] sont arrivés à une conclusion nuancée. Les dérivés ne semblent pas influencer le sous-jacent sur la moyenne ou la longue période mais, dans certaines conditions, ils en accroissent la volatilité intrajournalière » (*ibid.*).

caractère gaussien des lois de probabilité ni la propriété de martingale des processus aléatoires.

Pour ne pas rester dans le vague, je vais expliciter un type de spéculation mathématique extrêmement élémentaire. Je n'envisage pas de faire au lecteur la faveur d'une révélation lui assurant la fortune, je souhaite simplement le convaincre de l'existence de stratégies profitables à risque limité. Mais nous introduisons d'abord un traitement géométrique des portefeuilles utiles dans plusieurs situations.

Représentation géométrique des portefeuilles

Prenons pour simplifier un portefeuille composé de deux actifs, par exemple des yens (JY) et des marks (DM) (les choses seraient analogues dans le cas d'actifs plus nombreux seule la dimension en serait augmentée). Si le portefeuille comporte x yens et y marks, nous le représentons par le point (x, y).

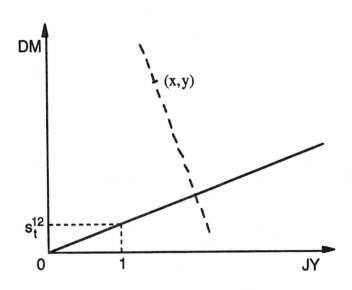

À chaque instant t, le taux de change s ^{12}(t), qui représente le nombre de yens nécessaires à l'achat d'un mark, est l'inverse du taux s ^{21}(t) représentant le nombre de marks nécessaires à l'achat d'un yen. La valeur mutuelle des deux devises peut être représentée par une droite passant par 0 de pente s ^{12}(t) que nous appellerons la droite du taux de change. Remarquons que dans cette représentation *tous les portefeuilles situés sur la même perpendiculaire à la droite du taux de change ont la même valeur.* La vérification est immédiate : la valeur du portefeuille (x, y) est x + s ^{12}(t)y en yens et la droite d'équation x + s ^{12}(t)y = k est perpendiculaire à la droite du taux de change.

Tirer parti de l'agitation mutuelle des actifs

Si nous partons du portefeuille (x, y), lorsque les deux actifs évoluent, nous pouvons modifier la composition de notre portefeuille, en vendant l'un des deux pour l'autre.

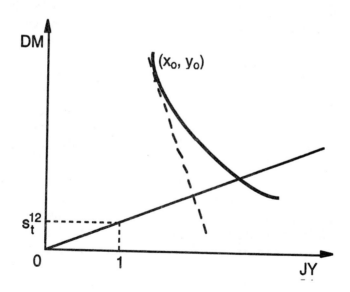

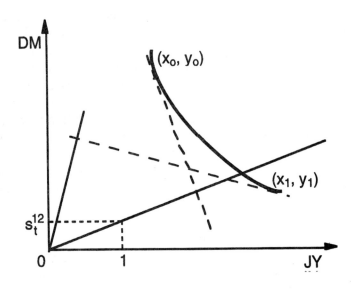

Il est possible de gérer un portefeuille de sorte que son point représentatif reste sur un arc de courbe fixe et que toute variation des cours donne lieu à une transaction bénéficiaire.

Choisissons une courbe qui tourne sa convexité vers le point O et telle que, à l'instant t_0, elle soit tangente au point (x_0, y_0) à la perpendiculaire à la droite du taux.

À un instant ultérieur, la droite du taux ayant changé, c'est la tangente à la courbe en un autre point (x_1, y_1) qui est perpendiculaire à la droite du taux. Cette tangente passe entre (x_0, y_0) et l'origine, ce qui veut dire que la transaction, à l'instant t_1, du portefeuille (x_0, y_0) au portefeuille (x_1, y_1) est bénéficiaire.

Ainsi, si l'on choisit une courbe du plan qui tourne sa convexité vers l'origine et qu'on gère le portefeuille en s'astreignant à ce que son point représentatif, chaque fois qu'on le déplace, vienne sur la courbe au point de contact avec la tangente normale à la droite du taux, dans ces conditions *toutes les transactions sont bénéficiaires*, et le portefeuille restera en permanence sur la courbe.

Remarques

1) Si l'on part du portefeuille (1 / 2, 1 / 2) et si l'on choisit une courbe tournant sa convexité vers l'origine et tangente à la droite reliant les points À (1, 0) et B (0, 1) au point C (1 / 2, 1 / 2), cette technique permet de réaliser un profit par la seule agitation mutuelle des deux actifs sans détériorer la valeur du portefeuille qui restera toujours comprise entre les valeurs des portefeuilles (1, 0) et (0, 1) constitués l'un d'un seul mark l'autre d'un seul yen. Notons que ces deux portefeuilles ne rapportent rien. Cette remarque s'applique aussi en modifiant les unités des monnaies, évidemment.

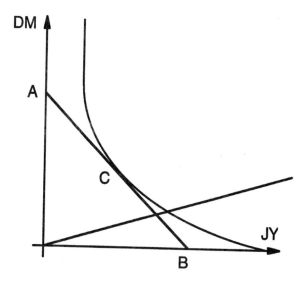

2) On voit donc que si les deux actifs s'agitent mais restent voisins on a une gestion de portefeuille meilleure que chacun d'eux pris isolément. C'est le cas, par exemple, pour le deutschemark et le franc suisse pour des raisons historiques de stabilité de ces devises ou du franc et du deut-

schemark compte tenu des volontés de convergence affichées dans le traité de l'Union [1].

3) La forme des courbes et leur rayon de courbure peuvent être ajustés sur des séries temporelles; et comme les coûts de transaction sont assez bien connus, on peut ne faire une transaction que si elle est bénéficiaire compte tenu des frais.

Cet exemple de spéculation est évidemment connu de certaines équipes. Les statistiques durant une année sur cette méthode appliquée au marché des futures montrent qu'elle apporte des bénéfices qui, sans être considérables, sont intéressants. Ajoutons que ces techniques sont considérablement perfectibles.

---

1. En l'occurrence, ce type de spéculation a comme effet de stabiliser le franc par rapport au mark en diminuant la volatilité de ce couple de devises.

X – *Pratiques*
et valeurs morales

En pratique, ces trois champs spéculatifs ne sont évidemment pas utilisés séparément. Ils ne s'excluent pas. Il existe encore un quatrième champ qui est le champ *juridique*. La disparité des réglementations concernant l'imposition des produits dérivés suivant les pays est impressionnante [1] et permet des trajets plus ou moins taxés suivant les modalités choisies. Mais il s'agit plutôt là d'*optimisation fiscale* que de spéculation proprement dite.

Les raisonnements qui fondent les transactions spéculatives sont mélangés. L'analyse statistique, que les moyens informatiques modernes permettent de rendre très précise, apporte des informations sur les fréquences, les lois, les valeurs extrêmes, les corrélations ou l'indépendance des cours. Dans ce genre de traitement mathématique, les causes économiques et psychologiques ne sont pas distinguées. Les spéculateurs qui travaillent principalement sur les champs psychologique et mathématique, à partir des seules données chiffrées, sont appelés des « chartistes » si leurs méthodes sont graphiques et des « experts de l'analyse

---

1. Voir OCDE, *Imposition des nouveaux instruments financiers*, 1994, notamment les quatre exemples de contournement des juridictions qui y sont analysés.

technique » s'ils utilisent des outils plus savants (analyse spectrale, modèles psychologiques de comportement, statistiques sur les séries chronologiques, données sur le volume des transactions, reconnaissance des formes, etc.). La sophistication des traitements élaborés dans leurs officines dépasse parfois le niveau du troisième cycle universitaire [1].

L'usage assez répandu du nombre d'or et des nombres de Fibonacci est significatif et mérite d'être analysé.

Le nombre d'or φ vaut $\dfrac{-1 + \sqrt{5}}{2}$

Il vérifie $\varphi^2 + \varphi = 1$. Cela lui donne des propriétés mathématiques remarquables. Si l'on partage un segment de sorte que la petite partie (a) soit à la grande (b) ce que celle-ci (b) est au tout (a + b), alors cette section suit le nombre d'or :

$\dfrac{a}{b} = \dfrac{b}{a + b} = \varphi$. Cette propriété, sensible à l'œil, lui valu d'être très utilisé en peinture et en architecture d'Albert Dürer à Le Corbusier [2].

Les nombres de Fibonacci, mathématicien du début du XIIIe siècle, sont définis par les relations

$$f_{n+1} = f_n + f_{n-1}$$
$$f_1 = f_0 = 1.$$

Ils croissent rapidement et se rencontrent dans des questions combinatoires variées et dans la nature (génétique, coquillages, etc.). Lorsque n augmente indéfiniment, la limite du rapport $\dfrac{f_n}{f_{n+1}}$ est le nombre d'or.

---

1. Voir, pour ce qui est notoire, étant entendu que les équipes ont leurs propres outils parfois beaucoup plus perfectionnés : « The mathematics of markets », *The Economist*, 9th october 1993 ; Ph. Cahen, « L'analyse technique des marchés », *Accélérations*, octobre 1995 ; Th. Béchu et É. Bertrand, *L'Analyse technique, pratiques et méthodes*, Économica, 1995.
2. Voir M. C. Ghyka, *Esthétique des proportions dans la nature et dans les arts*, Gallimard, 1927 ; *Le Nombre d'or*, Gallimard, 1931 ; Le Corbusier, *Le Modulor et modulor 2*, Éd. de l'Architecture d'aujourd'hui, 1955.

Pourquoi le nombre d'or et les nombres de Fibonacci sont-ils utilisés et en quelles circonstances ? N'oublions pas que la psychologie est constamment présente dans les motifs des spéculateurs. Après une forte hausse créant un mouvement d'une ampleur exceptionnelle, tous les opérateurs sont convaincus de l'imminence d'une baisse significative mais ils en ignorent l'amplitude. Dans de telles circonstances, toute théorie prédictive largement suivie est bonne à prendre car elle réduit les risques pour tous les opérateurs. Il se produit un consensus de fait pour accorder un certain crédit à des doctrines apparemment loufoques mais qui ne le sont plus dès lors qu'elles sont adoptées. C'est le cas du nombre d'or et des nombres de Fibonacci.

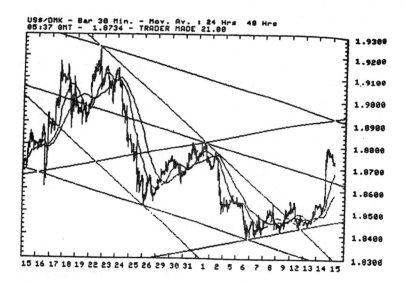

Le chartisme est une spéculation à la fois mathématique et psychologique qui procède à des études statistiques, graphiques et fréquentielles des cours pour dégager des réponses du marché à certaines situations ou certains faits afin d'en tirer parti. Sur cette copie d'écran, nous voyons le cours (courbe très irrégulière), une moyenne mobile sur une journée et une moyenne mobile sur deux journées (courbes plus douces), ainsi que des faisceaux de droites censés représenter les tendances.

Ces méthodes fonctionnent comme de la sorcellerie : elles sont efficaces parce que les gens y croient. Aux yeux des mathématiciens et des économistes, ce sont des illusions. Le fait que le MATIF à Paris, le LIFFE à Londres, à l'instar de certaines bourses américaines, fonctionnent à la criée, n'est peut-être pas étranger au maintien de ces usages. Le MATIF quant à lui s'oriente, ainsi que la DTB à Francfort vers un système électronique.

En vérité, les spéculations psychologiques et les mathématiques utilisées en analyse technique ne sont pas non plus dissociables de la spéculation économique. D'abord, remarquons que, si tout le monde appliquait exclusivement ces techniques sans se soucier le moins du monde de la signification économique des cours, le marché se mettrait évidemment à divaguer pour finir dans le décor. Mais, sans aller jusqu'à cet extrême, les deux activités sont liées.

Revenons sur la séparation traditionnelle entre *prise de position* et *arbitrage*. Classiquement, une prise de position est précisément ce que nous avons appelé « une spéculation économique » ; elle se fait dans la durée et prend un risque. Au contraire, nous avons déjà employé le terme d'« arbitrage » pour décrire le raisonnement par absence d'arbitrage, au sens d'« absence d'opportunité de profit sans risque ». C'est le sens premier de l'arbitrage : profiter d'une différence de prix entre deux produits en fait équivalents. Or, la pratique n'est pas si simple, car le plus souvent cette équivalence entre les deux produits utilise une certaine information ; par là même, elle est entachée de plus ou moins d'incertitude et repose sur des hypothèses économiques ou mathématiques, de sorte que l'arbitrage est généralement une opération risquée qui s'apparente à une prise de position.

Prenons comme exemple le cas d'école de la volatilité implicite. La valeur d'une option selon le modèle de Black-Scholes fait intervenir, nous l'avons vu, le coefficient d'agitation de l'actif sous-jacent (sa volatilité). Mais, du fait qu'existent des *marchés dérivés*, l'option fait l'objet d'une cotation. Cette cote correspond pour le sous-jacent à une volatilité fictive qu'on appelle « volatilité implicite ». On peut la comparer à la volatilité réelle et en déduire que l'option est surcotée ou sous-cotée par le marché dérivé. Ce serait faire confiance au modèle de Black-Scholes plus qu'à l'avis des opérateurs sur le marché des options. L'exemple est simpliste mais permet d'entrevoir les subtilités de la notion d'arbitrage, qui peut faire intervenir toutes les connaissances dont on dispose, économiques, historiques (statistiques), mathématiques (modèles plus fins que d'autres), etc.

On comprend par ces exemples que le spéculateur fait appel à des outils scientifiques de plus en plus sophistiqués. Il est clair d'ailleurs que les anticipations fondées sur l'analyse économique sont elles aussi fortement consommatrices de mathématiques. L'analyse économique se fonde, en effet, sur des modèles dont les paramètres sont identifiés par le traitement de données économétriques, que ce soit des modèles explicatifs qui interprètent le fonctionnement des échanges, des services et des prises de décision, ou des modèles estimatifs qui n'utilisent que des séries temporelles. D'une façon générale, en approfondissant l'un des trois champs économique, psychologique ou mathématique, *le spéculateur tente de trouver une logique régissant les phénomènes financiers qui soit hors de l'analyse consciente des autres intervenants sur le marché*, car seul ce type de connaissances est susceptible de lui apporter un profit. Pour cela, il doit d'une part connaître les interprétations usuelles, les idées communes qui constituent la lecture majoritaire des opérateurs, et d'autre part s'en arracher pour imaginer d'autres éclairages qui lui seront propres. Ceux-ci peuvent être un jugement subjectif sur ce qu'on peut appeler « la géopolitique des engouements financiers » (importance de la prochaine annonce des chiffres du chômage aux États-Unis et des réactions des opérateurs aux anticipations annoncées de ces chiffres, etc.). Mais de plus en plus pour cette prise de recul, cette distanciation, la science et ses nombreux outils sont d'un grand secours; ils permettent de se démarquer des routines et de dégager, par des formalisations, des déductions nouvelles. Ainsi la spéculation est devenue un véritable débouché de la science – nous y reviendrons – et une voie d'insertion professionnelle pour les études scientifiques.

Après cette analyse de la spéculation, le lecteur attend sûrement que nous abordions les problèmes éthiques que ces pratiques suscitent. En effet, maintenant que nous avons une idée plus précise de la diversité des démarches et des objectifs poursuivis, nous pouvons aborder les interrogations morales, du moins quelques-unes d'entre elles. Elles se posent à plusieurs niveaux et accompagnent en général les rapports de pouvoir.

QUESTIONS ÉTHIQUES

Envisageons-les d'abord au niveau mondial. La logique financière se déploie désormais sur la scène internationale. Elle induit des contraintes considérables que de nombreux pays ne parviennent pas à supporter. Nous aborderons ce sujet plus loin sous l'angle du déplacement entre le pouvoir des marchés et celui des États. Mais, avant même ces questions de politique économique, un problème éthique se pose au niveau international, des faits économiques majeurs résultant parfois de décisions prises en fonction de tout autres préoccupations de nature spéculative.

Trop souvent ce problème éthique est occulté par celui de crise financière globale (le krach majeur). Le risque systémique, je dois le souligner ici, est une préoccupation très réelle du monde financier. Il existe à ce sujet une importante littérature, la probabilité d'un séisme décroît fortement avec son ampleur. Cela ne doit donc pas cacher le problème éthique de la spéculation au niveau mondial qui concerne l'avenir de nombreux pays. Je considère qu'il est possible d'œuvrer pour que les évolutions historiques ne soient pas des conséquences fortuites, des bavures en quelque sorte, du fonctionnement des marchés mondiaux. Une des raisons pour lesquelles les progrès de la réglementation financière sont si lents et difficiles, quoique réels, est qu'on ne peut plus penser la finance comme agissant au-dessus de l'économie vraie. Nous verrons dans la prochaine partie comment les mécanismes des marchés financiers effacent la distinction entre la spéculation et les valeurs économiques véritables.

Ils contribuent en cela à nous situer clairement en une perspective postkeynésienne. L'auteur de la *Théorie générale* écrivait en 1935 : « Même en dehors du terrain financier, la tendance des Américains est d'attacher un intérêt excessif à découvrir ce que l'opinion moyenne croit être l'opinion moyenne, et ce travers national trouve sa sanction à la bourse des valeurs [...] Lorsque dans un pays le développement du capital devient le sous-produit de l'activité d'un casino, il risque de s'accomplir dans des conditions défectueuses. Si l'on considère que le but proprement social des bourses de valeurs est de canaliser l'investissement nouveau vers les secteurs les plus favorables sur la base des rendements futurs, on ne peut revendiquer le genre de succès obtenu par Wall Street comme un éclatant triomphe du *laisser-faire* capitaliste. Il n'y a là rien de surprenant, s'il est vrai, comme nous le pensons, que les meilleurs esprits de Wall Street étaient en fait préoccupés d'autre chose. » Autrement dit, Keynes, à la fin de son traité sur les mécanismes de l'épargne, de l'investissement et de l'emploi, dénonce la spéculation au nom de l'économie saine. Aujourd'hui cette argumentation ne tient plus de façon si solide et lorsqu'il ajoute que « la création d'une lourde taxe d'État frappant toutes les transactions se révélerait peut-être la plus salutaire des mesures permettant d'atténuer aux États-Unis la prédominance de la spéculation sur l'entreprise», il fait montre d'une confiance dans l'interventionnisme qui, pour être dans le ton de son ouvrage, n'a plus la même assise aujourd'hui [1].

Très intéressante à cet égard est la façon actuelle de s'exprimer d'un George Soros : « Je joue franc jeu. Si l'on parvient à ouvrir une brèche dans les règles, la faute en incombe à ceux qui les ont fixées. Ma position est claire, elle se défend. Qu'on me traite de spéculateur ne m'empêche pas de dormir. Il ne s'agit pas non plus de défendre les spéculateurs : j'ai des batailles plus importantes à livrer. Mettre sur pied un système qui ne profite pas aux spéculateurs, c'est le rôle des autorités. Quand les spéculateurs s'enrichissent, c'est que les dirigeants politiques ont failli [2]. » Point de vue qui n'est pas tellement divergent de celui de Keynes, simplement Soros ne s'appuie plus sur une rationalité économique [3].

Les questions éthiques se déploient également à un second niveau, celui de la gestion financière des trésoreries des établissements bancaires ou des grandes sociétés. La

---

1. Indépendamment du fait que l'idée de taxe sur les transactions ne s'accorde pas avec la gestion des produits dérivés en delta neutre. En effet, comme nous l'avons expliqué dans les chapitres précédents, cette méthode, universellement employée, repose sur de nombreuses transactions pour constituer le portefeuille de couverture.

2. Soros, *op. cit.*

3. Indiquons quelques références touchant à l'éthique financière au niveau mondial : J. Saint-Geours, « Des milliards sans frontières », *Le Monde des débats* avril 1995 ; B. Larre, « L'économie mexicaine depuis 1982 », *Observateur de l'OCDE*, oct.-nov. 1992 ; S. de Brunhoff, *op. cit.* ; F. Chesnais, *La Mondialisation du capital*, Syros, 1994 ; P. Dembinski et A. Schœnenberger, *Marchés financiers : une vocation trahie ?*, FPH, sept. 1993 ; P. Veltz, *Mondialisation, villes et territoires, l'économie d'archipel*, PUF, 1996 ; F. Chesnais (éd.), *La Mondialisation financière*, Syros, 1996 ; P.-N. Giraud, *L'Inégalité du monde*, Gallimard, 1996 ; ainsi que la revue *Finance et Développement*, publication trimestrielle du FMI et de la Banque mondiale, qui aborde régulièrement cette thématique notamment le numéro de décembre 1995 sur les marchés financiers.

plupart des opérations sur les marchés se font à partir d'informations économiques. Certes, les informations sont plus ou moins pertinentes pour la prédiction de l'avenir mais elles sont surtout plus ou moins *accessibles*. Nous abordons ici le problème du *délit d'initié* dont le champ éthique déborde largement ce que le terme juridique signifie selon la Commission des opérations de bourse (COB) ou la Direction générale de la concurrence, de la consommation et de la répression des fraudes (DGCCRF). À ce second niveau se pose la question de savoir si l'asymétrie d'information entre les intervenants n'est pas susceptible de perturber le fonctionnement des marchés [1].

Plus généralement, la préparation des décisions, l'accès aux données, les relations entre les agents sont des domaines dans lesquels est ressentie la nécessité d'une clarification des valeurs [2].

La conscience morale individuelle des opérateurs constitue un troisième niveau. Il intéresse le grand public car il suscite facilement une lecture romancée du monde bancaire. Il faut donc l'aborder en s'efforçant d'écarter les *a priori* idéologiques qui voilent le sujet.

Que ce soit sous l'angle économique, psychologique ou mathématique – et nous avons vu que la spéculation intervient sur ces trois champs à la fois –, le talent particulier des spéculateurs pose un problème moral. Pour l'aborder, il est utile d'en souligner l'analogie avec celui des avocats. Dans un État de droit, on admettra que de bons avocats soient mobilisés même pour les mauvaises causes. Il y va de l'équilibre de la justice. Pourtant, *le talent* de l'avocat est problématique en soi, puisqu'à la limite il permettrait de faire gagner n'importe quoi à n'importe qui. À tout le moins, l'inégalité des talents est susceptible d'apporter un biais à la

---

1. Pour une discussion du rôle des initiés sur la volatilité, voir P. Artus, *Anomalies sur les marché financiers*, Économica, 1995.

2. Voir Hélène Ploix, « Pourquoi et comment, aux États-Unis, se met en place progressivement une formation à " l'éthique financière " ? », *Revue d'économie financière*, n° 22, 1995.

justice. Il se trouve que la profession d'avocat est une de celles dont la réflexion déontologique est la plus ancienne et en élaboration permanente.

Qu'en est-il du côté des spéculateurs? En tant que mathématicien et parce que j'ai eu l'occasion d'organiser des contrats sur l'analyse probabiliste des produits dérivés, j'ai eu de temps en temps accès aux salles des marchés et aux succursales spécialisées. On y rencontre des personnes très intelligentes, de formations diverses, parmi lesquelles des anciens élèves des écoles d'ingénieurs ou de commerce, mais qui n'ont le plus souvent aucune autre expérience de la vie dans les entreprises industrielles ou commerciales, encore moins de la vie politique ou associative au niveau local, et qui passent le plus clair de leur temps devant des écrans. Mon témoignage est que les plus habiles font gagner à leur société énormément d'argent uniquement par *de l'astuce* [1]. Qui paye? Le modèle du ticket de métro, quoique très sommaire, est en l'occurrence correct : ceux qui font le même type d'opérations pour d'autres raisons. Les spéculateurs sont aussi victimes des trouvailles des autres qu'ils ne connaissent pas.

Les situations où sont rencontrés des problèmes moraux ayant été ainsi évoquées et les niveaux auxquels ils se posent ayant été dégrossis, est-il possible de préciser les énoncés des choix éthiques à résoudre?

C'est là une vieille affaire de la philosophie : la formulation même des questions éthiques renvoie, explicitement ou

---

1. Et en gagnent aussi eux-mêmes. Les résultats d'une banque sont très sensibles à la qualité du travail des traders, comme le confirme l'usage des bonus : « Le salaire d'un opérateur senior (plus de cinq ans d'expérience) s'étale ainsi de 350 000 à 650 000 francs bruts annuels. Et il convient d'ajouter à celui-ci un bonus, calculé suivant des formules variables liées aux objectifs personnels, proportionnel aux résultats de la banque, de la salle ou du desk. Plafonnés dans certains établissements (à 50 % du salaire fixe par exemple), ils sont sans limite dans d'autres et permettent encore aux meilleurs de gagner plusieurs millions de francs [...] et ainsi, de ne pas être tentés par les sirènes londoniennes ou new-yorkaises. » (A. Chaigneau, « Les activités de marché à l'heure de l'aggiornamento », *Banque*, janvier 1996.)

non, à une grille de valeurs. Les cas douteux que l'on rencontre couramment en appellent à la définition de déontologies pour les diverses professions, les cas exceptionnels sollicitent les principes religieux, les systèmes de pensée politiques, la philosophie éthique.

Il est donc indispensable de s'attacher le plus concrètement possible aux façons d'agir des hommes en relation avec les marchés financiers et aux difficultés que leurs actions suscitent pour eux-mêmes et pour les autres. Les questions les plus concrètes me semblent être les suivantes :

a) L'argent est-il un fluide indifférencié et sans mémoire ?

b) L'auteur d'une transaction doit-il être connu ?

c) Qui doit payer les risques dus à la grégarité des comportements ?

Les deux premières questions sont liées. La première porte sur le fait de savoir si une opération financière réalisée à partir d'une fraude antérieure est valide ou non. L'est-elle pour la totalité de ses conséquences ? Dans quelle mesure ces conséquences entraînent-elles la responsabilité des acteurs financiers qui ont été trompés ? Le cas de l'argent de la drogue, qui à l'échelle mondiale est d'un volume considérable [1], est tout à fait concret à cet égard.

La seconde est de savoir si la pratique de l'anonymat, actuellement courante grâce aux intermédiaires, ne nuit pas au bon fonctionnement de la concurrence, et si, même, la structure précise de l'auteur de la transaction, ses actionnaires, ses alliances, ne devrait pas faire partie de l'information publique. Cela contribuerait à la lutte contre les délits et permettrait le suivi d'un agent très audacieux de la même façon que les assurances appliquent le système bonus-malus contre les conducteurs imprudents.

La grégarité des comportements est possible parce que les raisons des transactions ne sont pas dévoilées. Dans l'industrie, une idée génératrice d'un procédé nouveau peut

---

1. Cf. H. de Carmoy, *La Banque au XXIᵉ siècle*, Odile Jacob, 1995.

être protégée par un brevet. Cela ne suffit pas à empêcher les contrefaçons mais permet de les réprimer. Au contraire un arbitrage, comme nous l'avons dit déjà, est, par nature, une idée qui disparaît si elle est révélée. Ainsi, les marchés sont-ils démunis vis-à-vis des copieurs qui imitent tel opérateur réputé pour ses moyens d'analyse. Pour l'instant les risques – qu'ils soient d'un faible montant et fréquents ou de grande ampleur et plus rares – semblent retomber sur les moins rapides, comme au jeu de la chaise manquante. Les produits dérivés ont-ils tendance à calmer le jeu ou à le fragiliser davantage ? Les auteurs sont partagés.

La recherche de principes éthiques clairs sur lesquels puisse se construire une réglementation internationale est d'autant plus nécessaire que la confusion actuelle porte conséquence sur des choix politiques et culturels de première importance, parmi lesquels je citerai :

– l'influence nouvelle de la spéculation financière dans la proportion entre la rémunération du capital et celle du travail ;

– la légitimité du déplacement de pouvoir politique vers les marchés financiers dû à l'endettement des États et des collectivités locales ;

– la marchandisation de l'information et la question d'une économie des productions et des échanges de savoirs privés. Pour les économistes et les mathématiciens, ce point touche à la déontologie scientifique de façon semblable à ce qui se passe actuellement pour les chercheurs en biologie.

Dans les prochains chapitres, nous pousserons la réflexion sur les trois points précédents. Pour cela, nous examinerons si la théorie économique peut fournir des jugements objectifs et universels sur la bonne allocation des ressources financières, ou si au contraire la finance doit être considérée comme un champ où les connaissances ont naturellement un caractère privé. Ensuite, nous approfondirons le fonctionnement des marchés financiers, afin de dégager, par des comparaisons, la nature profonde du pouvoir en œuvre dans l'ordre financier mondial actuel.

Quatrième partie

LES ENJEUX
ET LES MISES

XI – *Marchés et économie*

Récapitulons quelques idées qui se dégagent de notre parcours dans les mathématiques du hasard et la finance, sans en reprendre les aspects techniques.

À propos du casino, quelle philosophie retenir? Les martingales-bottes-secrètes fascinent les joueurs. Elles sont souvent fondées sur des idées fausses, la principale étant que le hasard obéit à un certain équilibre et procède à des compensations dans le temps comme s'il avait une mémoire, idée très répandue qui fait l'ambiance des salles de jeu [1]. Parfois, elles sont fondées sur des idées justes, mais alors ces martingales apparemment correctes ont quelque défaut caché que la théorie des probabilités permet d'élucider dans tous les cas : là où le bât blesse toujours, c'est que ces stratégies permettent de gagner, certes, mais en un nombre de coups qui dépend du hasard et qui n'est pas borné *a priori*, de sorte qu'en croyant la victoire assurée, le joueur occulte une petite partie des possibles, à savoir précisément les cas où il est ruiné avant de pouvoir achever.

En revanche, si le nombre de parties est fixé à l'avance, quelles que soient les stratégies des joueurs, leur espérance de gain est nulle. C'est ce qui caractérise un casino pur. La

---

1. « Un joueur qui notait consciencieusement chaque coup déclara à haute voix que la veille le zéro n'était sorti qu'une seule fois de toute la journée » (Dostoïevski, *Le Joueur*).

mathématisation du jeu de casino a réduit les martingales au rang d'illusions fantasmatiques et a donné naissance à une théorie féconde qui étudie les processus aléatoires que sont les gains cumulés des joueurs à ces jeux purs. Ils sont caractérisés par la propriété du centre de gravité : la valeur actuelle du processus est le centre de gravité des valeurs à un instant ultérieur pondérées par leur probabilité.

Cette propriété est riche de conséquences. Avec une certaine ironie, les mathématiciens ont appelé ces processus des martingales, ce qui était légitime en un sens, puisque les autres martingales, les chimères, n'avaient définitivement plus droit de cité au regard de la science. Ainsi, née d'une généralisation du mouvement brownien, la théorie des martingales s'est développée depuis la Seconde Guerre mondiale jusqu'à nos jours en accumulant les résultats et donnant lieu à une théorie de l'intégration originale qui trouva un débouché spectaculaire en finance dans les années 70. Cela vint apporter aux jeux et aux marchés, qui sont des sortes de jeux, une clarification et une extension de concepts qui permirent un grand développement des modèles : aussi bien pour la couverture des options et la gestion de portefeuille qu'en théorie des jeux et en économie financière.

« MOTIF DE CROIRE » ET THÉORIE DE L'UTILITÉ

Cette élucidation laisse toutefois un problème de côté qui est celui du « motif de croire ». Considérant qu'à un casino pur l'espérance de gain est nulle si l'on joue une partie, en résulte-t-il que la façon de jouer cette partie est indifférente ? La réponse est négative, c'est ce que la discussion du jeu de la calebasse a mis en pleine lumière : si, pour une partie, l'un des joueurs mise 3 500 F sur le numéro 36 et un autre joueur mise 100 F sur chaque numéro sauf sur le 36, tous deux ont une perte maximale possible de 3 500 F et une espérance de gain nulle. Mais la configuration de leur risque est très différente. Le premier gagne beaucoup avec une faible probabilité, le second gagne peu avec une probabilité proche de 1. La dissymétrie est favorable au second joueur, défavorable au premier.

C'est au XVIIIe siècle, après les écrits de Gabriel Cramer (1704-1752) et de Daniel Bernoulli (1700-1782) sur l'utilité, et les discussions des points de vue de Buffon par Diderot et de Laplace et Bayes par Condorcet [1], qu'a été perçue, comme une interrogation philosophique légitime et importante, le sens de la probabilité d'un événement, c'est-à-dire son interprétation en termes de motif de croire qu'il se produira. Cette question conduit Condorcet et Buffon à constater qu'on vit, en fait, en formant son opinion sans s'occuper des événements dont la probabilité est très faible. « Ainsi le motif de croire que sur dix millions de boules blanches mêlées avec une noire, ce ne sera pas la noire que je tirerai du premier coup est de la même nature que le motif de croire que le soleil ne manquera pas de se lever demain. »

Cette problématique n'est pas dissipée par les mathématiques et mérite d'être quelque peu approfondie car sur elle repose certains comportements risqués des opérateurs. Une question indécise par exemple est la suivante : si, à notre casino, le second joueur gagne (ce qui est très probable puisqu'il a 35 chances sur 36), cela le met-il rationnellement dans la même situation pour une nouvelle partie éventuelle, ou bien son goût du risque s'émousse-t-il ? Il est clair que si sa stratégie consiste à jouer ainsi jusqu'à ce qu'il perde, sa configuration de risque ne lui est plus favorable.

Dès lors que la théorie mathématique des probabilités laisse ouvertes les questions relatives au motif de croire, la théorie économique a pris le relais pour tenter de prendre en compte une certaine rationalité dans le comportement des acteurs qui doivent choisir des décisions dans des situations où règne l'incertain. Il s'agit donc d'une modélisation

---

1. Ainsi que dans l'œuvre de Condorcet, cf. R. Rashed, *op. cit.*

(évidemment très partielle) de la psychologie par un forma-
lisme rigoureux. Poursuivant les idées de Daniel Bernoulli
et de Cramer, des auteurs comme T. Barrois [1], F. Ramsey [2]
et surtout J. von Neumann et O. Morgenstern [3] ont élaboré
une théorie de l'utilité visant à rendre compte des préférences des agents économiques parmi des paniers de
biens ou, en situation aléatoire, parmi des loteries sur ces
paniers. Sous l'hypothèse qu'une certaine logique est suivie
par les agents, il existe des fonctions d'utilité qui pondèrent
les choix de façon telle que les agents prennent les décisions
qui maximisent l'espérance d'utilité. Trouver les stratégies
des agents devient un problème d'optimisation. Une énorme
masse de techniques mathématiques est alors disponible et
on peut proposer des solutions aux questions les plus
variées.

Évidemment des critiques ou des perfectionnements
ont été apportés à la théorie de l'utilité. Les axiomes de cette
rationalité sont contestables. En premier lieu, ils ne
s'appliquent pas aux décisions prises par des assemblées
dont les choix, ainsi que Condorcet l'a montré, n'ont pas la
propriété de transitivité. Bien d'autres paradoxes ensuite
ont été découverts [4], conduisant à un cadre de pensée connu
sous le nom de « théorie des jeux [5] ».

En vérité, les fonctions d'utilité, qui sont censées gou-
verner la propension ou l'aversion au risque des agents et
permettent des calculs fins de stratégies optimales, sont

1. T. Barrois, *Essai sur l'application du calcul des probabilités aux assurances contre l'incendie*, Lille, 1884.

2. F. Ramsey, « Truth and probability », in *The Foundations of Mathematics and Other Logical Essays*, London, 1930.

3. O. Morgenstern et J. von Neumann, *Theory of Games and Economic
Behavior*, 1944.

4. Cf. notamment B. Walliser, *Anticipations, équilibres et rationalité
économique*, Calmann-Lévy, 1985, et « Les paradoxes de la décision rationnelle », *Annales des Ponts et Chaussées*, n° 76, 1995.

5. Cf. à ce sujet A. d'Autume, « Théorie des jeux et marchés », in
Formes et sciences du marché, Cahiers d'économie politique, L'Harmattan,
1992.

toujours mal connues du modélisateur et de l'agent lui-même. Par ailleurs, elles tombent sous cette critique que, le plus souvent, l'attitude des agents vis-à-vis des phénomènes rares – qui, en tant que tels, sont très signifiants – fait l'objet d'une réflexion spécifique prenant en compte la signification de l'événement en question, les circonstances et les particularités de la situation et la complexité des relations de l'agent avec le monde qui l'entoure. Autrement dit, la subjectivité du motif de croire va bien au-delà de la liberté de choisir une fonction d'utilité, *elle réside dans l'interprétation des événements qui fonde l'action du sujet.*

Par exemple, sous réserve de l'exactitude des faits et des chiffres publiés dans la presse, pour avoir fait perdre 6 milliards de francs à la Barings, Nick Leeson a été condamné à six ans de prison, mais il aurait dissimulé plus de 100 millions sur des comptes en Allemagne (*Le Monde*, 2 juillet 1997). Clairement le cas défavorable n'était pas évalué de la même façon par Leeson et par son employeur. Le risque devient un problème de société important : quels risques sont pris, qui en décide et dans quelle configuration ? Le risque accepté est la forme la plus pauvre mais aussi la plus fondamentale du lien social. Le niveau des statistiques sur les accidents de la route, sur les maladies, nous inquiète et nous dérange, non seulement parce que cela renforce nos craintes de ces événements mais surtout parce que si l'un d'entre eux nous advient, nous restons indécis : est-ce notre faute ou celle de la société au sein de laquelle nous avons été tirés au sort pour ce malheur ? On préfère toujours un risque assumé à un risque subi qu'on comprend mal et qui nous expose malgré nous à certains traits de notre époque [1]. Cette solidarité par le risque est une dimension évidente des problèmes d'environnement.

---

1. Il est significatif à cet égard que l'idée d'un tirage au sort qui fut proposée par le Conseil national du sida pour la distribution de ritonavir au cas où les quantités en seraient insuffisantes ait été violemment rejetée (*Le Monde*, 1er mars 1996) car elle revenait à tirer au sort les malades qui n'en bénéficieraient pas.

Revenons à notre casino et comparons-le aux courses de chevaux qui présentent auprès du public un attrait d'une remarquable permanence. D'un côté, un jeu pur (hormis les taxes) dont la mathématique est faite, de l'autre un jeu dans lequel l'utilisation d'informations sur les haras, les jockeys, les caractères des chevaux, terrain, etc., permet d'augmenter ses chances et de paraître plus malin que les autres. Sur le casino, le loto, etc., aucune presse périodique ne peut paraître, il n'y a pas grand-chose à dire. Sur les courses, les journaux abondent. À cet égard, les marchés boursiers sont tout à fait analogues aux courses. On ne sait pas s'ils sont biaisés en hausse ou en baisse, mais la presse spécialisée donne des chiffres et des informations. Chez les cambistes comme chez les turfistes, tel journal offre la faveur d'une confidence d'un soi-disant expert, etc. Mais gardons-nous de confondre. Les marchés financiers sont beaucoup plus amusants et passionnants. Là on joue dans la cour des grands, il y a l'analyse économique, la psychologie, les mathématiques et l'imbrication avec les responsabilités professionnelles...

Tout réside finalement dans le fait qu'on ignore la tendance d'un cours de bourse. De même que pour le casino pur, un observateur extérieur ne peut dire sur un nombre fini de parties si les gains et les pertes sont équiprobables ou non, de même, l'observation d'un cours sur une certaine durée ne fait vraiment connaître que son agitation (sa volatilité) et non sa dérive tendancielle. Comme nous l'avons déjà remarqué à propos de la stabilité en présence de bruit, cela est dû aux changements de points de vue probabilistes. La même réalité de marché peut être décrite de façon interchangeable dans divers repères. C'est un principe de relativité.

CHANGEMENTS DE REPÈRES EN PHYSIQUE :
LES EXPÉRIENCES SUR LA LUMIÈRE

L'importance de ce principe est en économie financière tout à fait comparable à celle qu'il a en physique. Il est intéressant de parcourir ce chapitre de la physique pour voir combien la pluralité des points de vue est importante dans la science et dans l'histoire des connaissances.

Après les expériences de Hook (1868) concernant la vitesse de la lumière dans un milieu d'indice n, il semble que ce soit Mascart, professeur au Collège de France, qui fut le premier à affirmer que toute tentative de déceler un mouvement par rapport à l'éther serait vouée à l'échec. Sur la base d'une série d'expériences d'une précision remarquable [1], qui entraîneront la conviction des théoriciens postérieurs, il conclut « que le mouvement de translation de la terre n'a aucune influence appréciable sur les phénomènes d'optique produits avec une source terrestre ou avec la lumière solaire, que ces phénomènes ne nous donnent pas le moyen d'apprécier le mouvement *absolu* d'un corps et que les mouvements *relatifs* sont les seuls que nous puissions atteindre [2] ». Après le résultat négatif des expériences de Michelson et de Morley, venant confirmer les idées de Mascart, le principe physique de la relativité était posé. Il ne se constituera en théorie cohérente qu'après le travail formel et conceptuel des théoriciens Lorentz, Poincaré et Einstein à partir des équations de l'électromagnétisme établies par Maxwell. C'est dans la célèbre conférence de Poincaré à Saint Louis (États-Unis) en septembre 1904 que le *principe*

---

1. Relatées dans deux mémoires des *Annales de l'École normale*, 2ᵉ série, 1872, p. 157-214, et 1874, p. 363-420.
2. Les mots soulignés le sont par Mascart (1874). Autrement dit, « dès cette époque, Mascart suggérait qu'en optique comme en dynamique, il était impossible au moyen d'une expérience quelconque, et à quelque ordre que ce soit, de distinguer un repère galiléen privilégié ». (M.-A. Tonnelat, *Histoire du principe de relativité*, Flammarion, 1971.)

de relativité se trouve explicitement dénommé et ainsi énoncé : « Les lois des phénomènes physiques doivent être les mêmes soit pour un observateur fixe, soit pour un observateur entraîné en mouvement uniforme, de sorte que nous n'avons et ne pouvons avoir aucun moyen de discerner si nous sommes oui ou non entraînés par un tel mouvement [1]. » L'invariance des lois physiques dans les changements de repères galiléens revient à dire que la physique est conservée dans *un groupe de transformations* qui, en l'occurrence, n'est pas le groupe des translations, car la vitesse de la lumière doit rester inchangée, mais le groupe de Lorentz. Découverts par les cristallographes à propos des symétries et des isomères, les groupes de transformations qui laissent la physique invariante prendront ensuite une importance fondamentale en mécanique quantique et y seront même un outil de recherche [2].

En finance, c'est la possibilité de couverture exacte qui est l'étape clef. C'est le fait crucial qui soulève une problématique et suscite une prise de conscience comme en physique l'incohérence des propriétés de l'éther qui respecteraient les expériences.

CHANGEMENTS DE REPÈRES EN FINANCE :
LES EXPÉRIENCES SUR LE MOUVEMENT BROWNIEN

Considérons un call à trois mois sur le dollar; si j'estime probable une hausse et vous une baisse, nous gérerons néanmoins de façon identique ce call, en réalisant le seul portefeuille qui en permet la couverture exacte. L'argument de non-arbitrage apporte la preuve que la bonne couverture d'un produit dérivé ne dépend pas du repère probabiliste choisi. Donc il y a une réalité physique financière qui

---

1. H. Poincaré, *Bulletin des sciences mathématiques*, 1904, p. 302.
2. Voir E. Segre, *Les Physiciens et leurs découvertes*, Fayard, 1984; G. Holton, *L'Invention scientifique*, PUF, 1982.

est la même dans tous les changements de repères probabilistes (qui forment un groupe analogue à celui des translations). *Cette réalité c'est le marché.* Or, précisément, dans un certain repère, le cours est en hausse alors que dans un autre il peut être en baisse, dans un troisième ce sera une martingale mathématique ; autrement dit, sous ce troisième point de vue le marché sera efficient. L'efficience est donc une propriété qui dépend du point de vue, elle n'est pas une propriété de la réalité physique de marché [1].

Sur cette question, il est tout à fait éclairant de reprendre l'analogie entre cours de bourse et mouvement brownien proposée par Bachelier. Cette idée (antérieure de quelques années aux travaux d'Einstein et de Smoluchovski et aux expériences de Jean Perrin) était lumineuse et elle est largement confirmée par la pratique et la théorie actuelles.

Cependant, deux critiques sont à faire à Bachelier. La première, c'est qu'il adopte les hypothèses gaussiennes comme si c'étaient les seules possibles. Nous l'avons vu, tel n'est pas le cas, loin de là. La seconde, c'est sa façon d'exprimer mathématiquement le fait que « le marché ne croit, à un instant donné, ni à la hausse ni à la baisse du cours vrai [2] ». En termes actuels, il prend comme modèle, pour que cette assertion soit satisfaite, un mouvement brownien *centré*, ce qui lui permet d'écrire plus loin que l'espérance mathématique du spéculateur est nulle.

Ça n'est pas ainsi qu'il fallait traduire cette idée. À la lumière de l'argument de non-arbitrage et du principe de

---

1. Nous examinerons en détail un peu plus loin la notion d'efficience et ses diverses acceptions, et nous verrons qu'il n'y a pas de super-probabilité privilégiée (qui jouerait le rôle de l'éther) par rapport à laquelle il faut penser les phénomènes aléatoires en finance.

2. Louis Bachelier, « Théorie de la spéculation », *Annales scientifiques de l'École normale supérieure*, 3ᵉ série, t. 17, 1900, p. 32. La notion de cours *vrai* introduite par Bachelier est technique et liée au fonctionnement du marché du règlement mensuel et n'a pas d'importance dans notre discussion.

couverture, nous sommes contraints aujourd'hui à un traitement plus subtil du fait que le marché, à un instant donné, ne croit ni à la hausse ni à la baisse. Il aurait fallu dire que le cours est comme une particule dans un fluide soumise aux chocs thermiques et donc animée d'un mouvement brownien, mais dans un contexte où l'on ne connaît ni la valeur ni la direction du champ de gravité. Le bon modèle est en quelque sorte la classe d'équivalence de tous les mouvements browniens avec dérive, et de même température.

On se souvient des expériences exposées avec un talent savoureux dans les livres de Jean Perrin [1] par lesquelles celui-ci puis Léon Brillouin entreprirent de vérifier que l'agitation d'un grain de colloïde dans un liquide était due aux chocs moléculaires, et dont les mesures confirmaient la théorie d'Einstein et Smoluchovski. Ces expériences, méticuleuses et nécessitant souvent plusieurs mois de préparation pour obtenir par centrifugation fractionnée des colloïdes dont les granules soient d'un même diamètre, consistaient à étudier l'influence respective sur le mouvement des grains de gomme-gutte, d'une part, de l'agitation due aux chocs avec les molécules du liquide, d'autre part de la pesanteur.

Pour ce faire, Perrin n'observe pas une seule particule, car, en plus des difficultés techniques qu'aurait posées l'enregistrement de son mouvement à l'époque, l'influence de la pesanteur est impossible à mettre en évidence sans un délai d'observation très prolongé pour une particule légère et de petit diamètre comme il souhaitait en utiliser. La particule a des impulsions dans tous les sens, elle ne reste pas en bas lorsqu'elle vient à heurter le fond inférieur du récipient, elle repart aussitôt vers le haut et passe successivement par tous les éléments de volume du liquide. L'influence du champ de pesanteur ne se fait sentir que par le fait qu'elle est, *en moyenne*, un peu plus souvent en bas qu'en haut. Et pour obtenir cette différence de fréquence

---

1. J. Perrin, *Les Atomes*, PUF 1913 ; *Les Éléments de la physique*, Albin Michel, 1929.

des temps de présence en haut et en bas qui est faible, il faut pouvoir observer la particule durant un temps très long.

La figure suivante est une trajectoire brownienne semblable à celles qu'observait Perrin et qu'il aurait pu photographier. Il est impossible de dire sur cette figure quelle est la direction du champ de pesanteur. Si l'on se trompe de sens en imprimant l'image, cela ne peut pas être décelé.

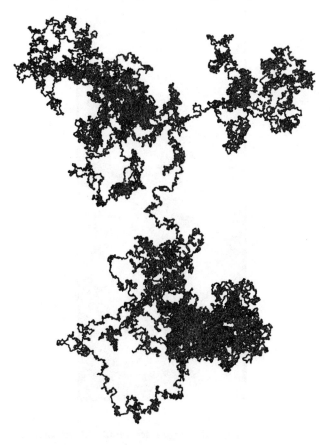

Trace du mouvement d'une particule brownienne dans le plan. Il est impossible à partir de cette information de savoir si la particule était soumise à un champ de force ou non.

C'est la raison pour laquelle Perrin et Brillouin ont utilisé *beaucoup* de particules qu'ils se sont employés à choisir aussi identiques que possible. Ces particules, par l'indépendance de leur mouvement, réalisaient instantanément la moyenne qui, avec un seul granule, aurait nécessité l'enre-

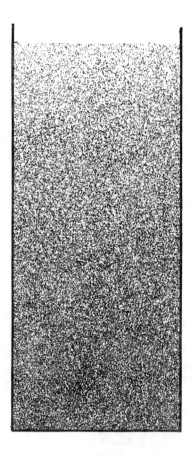

En observant un grand nombre de granules colloïdaux identiques Jean Perrin peut déceler et mesurer l'influence de la pesanteur. Au contraire si la solution ne contenait qu'un granule, son observation ne permettrait pas de connaître la direction de la pesanteur sauf à l'observer pendant extrêmement longtemps.

gistrement de la trajectoire pendant très longtemps. Ils ont alors observé un gradient de concentration de la solution colloïdale le long d'une verticale.

Cela permettait des mesures précises et la déduction, par application de la théorie cinétique des gaz, du nombre d'Avogadro, qui dénombre les molécules d'un gaz à température et pression données.

La grande différence avec la finance est que nous ne pouvons observer qu'un seul exemplaire de chaque cours de bourse, de telle sorte qu'on ne peut dire s'il est dévié vers le bas ou vers le haut.

Ainsi, pour garder l'analogie brownienne due à Bachelier, nous devons dire que les processus aléatoires sont soumis à *un principe de relativité* de sorte que les particules représentant les cours s'agitent comme dans un liquide à une certaine température, mais sans qu'on connaisse rien sur la pesanteur. Pour un observateur (spéculateur) qui adopte un certain repère probabiliste, cette pesanteur a telle valeur et telle direction, pour un autre observateur dont le motif de croire suit une autre loi de probabilité, la force de gravité est différente. Mais pour l'un et l'autre la température est identique et le mode de couverture par un portefeuille de non-arbitrage est le même.

Je suis fondé à croire que le lecteur s'intéresse à la spéculation et qu'il m'accorde d'ores et déjà qu'elle est subtile et complexe, tant par les jugements moraux qu'elle suscite que par la technique qu'elle utilise. Il comprendra donc que je ne peux me laisser aller à des simplifications, même à fins pédagogiques, qui passeraient sous silence des considérations importantes. Aussi dois-je, pour être tout à fait correct, édulcorer légèrement le principe de relativité qui gouverne la finance. En physique, comme l'ont affirmé Mascart, Poincaré et Einstein, il n'est pas possible, par quelque expérience physique que ce soit, de distinguer un repère galiléen particulier, de sorte qu'on ne peut pas du tout savoir si un observateur est immobile ou en translation uniforme. En finance, on ne sait pas non plus, parmi toutes les transformations de Girsanov, quel repère probabiliste est le bon, mais on peut en avoir *une connaissance très vague.* De l'observation d'un cours on peut tirer un motif de croire en un sens plus faible qu'une probabilité qu'on appelle vraisemblance et qui fournit... une indication. L'analyse que nous avons faite de la *stabilité* des phénomènes aléatoires nous a fait comprendre que cette vraisemblance est d'autant plus vague que la volatilité (agitation thermique) est grande [1].

En toute rigueur, c'est donc moyennant une agitation du marché suffisamment importante que le principe de couverture a pour conséquence une relativité des points de vue en finance qui empêche de privilégier une modélisation en termes de jeu équilibré ou favorable ou défavorable. Cela revient à dire que *le fondamental,* c'est-à-dire la valeur de l'actif corrigée des facteurs dont la signification ne serait pas proprement économique (modes, engouements, contagion, etc.) est un concept *relatif* à chaque point de vue. Mais cette notion est à préciser et nous allons donc aborder la question de *l'efficience* des marchés. Elle a donné lieu à une vaste littérature qu'il convient de considérer sous ce jour nouveau.

L'EFFICIENCE DES MARCHÉS EST UNE NOTION SUBJECTIVE

L'idée que le prix d'un actif fourni par un marché qui fonctionne bien est un bon prix, tant par ce que les agents

---

1. À noter que les actifs financiers ont chacun leur volatilité. On peut cependant définir celle d'une place financière, d'un marché émergent, par des moyennes. Y a-t-il une sorte d'équilibre thermodynamique sur un marché ? Les volatilités s'échangent comme des risques par l'intermédiaire des produits dérivés. Il y a des recherches à ce sujet qui peuvent conduire à des arbitrages mathématiques.

peuvent en faire que par la valeur économique qu'il attribue à l'actif, est une idée très naturelle qui fut formulée bien avant l'apparition du terme « efficience ». Dès 1889, George Gibson écrivait que, lorsque « les actions sont dans un marché ouvert et connu publiquement, la valeur qu'elles acquièrent là peut être considérée comme le jugement les concernant mettant en œuvre la meilleure intelligence [1] ». Depuis plus d'un siècle, cette idée a fait couler beaucoup d'encre de la part des financiers, des économistes et des mathématiciens, d'une part pour tenter de préciser des modèles mathématiques de marchés ayant ces vertus d'excellence, ensuite pour proposer des raisonnements expliquant l'apparition de ces marchés à partir de certaines hypothèses économiques, enfin pour confronter les modèles et les hypothèses avec les observations et dégager ainsi les inefficiences des marchés réels. La première contribution importante à ce courant est évidemment celle de Louis Bachelier dont la thèse, comme le souligne Robert Merton, « marque à la fois la naissance de la théorie mathématique des processus stochastiques à temps continu et celle de l'économie à temps continu, du pricing des options et des produits dérivés [2] ». Nous l'avons vu, Bachelier propose de modéliser le cours d'un actif par un *mouvement brownien centré*. Mais, comme on le sait, son travail restera ignoré et ce modèle sera réinventé lorsque les économistes reprendront, dans les années 60, la problématique de la spéculation mathématique des marchés, avec les travaux notamment de Cootner sur l'aléa des prix, de Markowitz sur l'optimisation de portefeuille et de Sharpe sur la formation des prix en présence de risques conduisant au modèle

---

1. G. R. Gibson, *The Stock Exchanges of London, Paris and New York*, New York, G. P. Putnam's sons, 1889.
2. R. C. Merton, *Continuous-time Finance*, Basil Blackwell, 1990. Robert Merton a reçu en même temps que F. Black et M. Scholes le prix Nobel d'économie en 1997.

CAPM (*Capital Asset Pricing Model*) [1]. Ce dernier est à la fois simple et élégant et pour cela souvent cité mais le goût du risque ou la prudence s'y expriment par la moyenne et la variance uniquement. Il est donc un cas particulier de l'analyse généralement admise des choix en incertitude de von Neumann-Morgenstern obtenu lorsque les prix sont des variables aléatoires gaussiennes ou lorsque les préférences sont quadratiques. D'où de nombreuses critiques et l'apparition de modèles plus récents et moins simples. Dans toute cette littérature des années 60, la rupture épistémologique du principe de couverture exacte n'est pas prise en compte et les modèles de prix actualisés sont des *martingales mathématiques*, expression de jeux équilibrés rendant impossibles en moyenne des profits supérieurs au marché [2].

Cette idée a été explicitée par Fama en 1965 dans son *hypothèse de marché efficient* (EMH) : sont efficients les marchés où les prix des actifs sont des martingales. Comme la notion de martingale mathématique est – par définition – dépendante de l'information utilisée pour la propriété du centre de gravité, l'hypothèse de marché efficient se stratifie en trois hypothèses de plus en plus sévères.

L'efficience faible signifie que le prix courant incorpore toute l'information sur les prix passés de l'actif concerné. Si elle est satisfaite, l'analyse statistique sur la série temporelle du cours ne peut conduire à aucun profit.

Dans *l'efficience semi-forte*, le prix contient toute l'infor-

---

1. P. Cootner, *The Random Character of Stock Market Prices*, MIT Press, 1964 ; W. F. Sharpe, « Capital asset prices : a theory of market equilibrium under condition of risk », *Journal of Finance*, 19, 1964.

2. La majeure part des travaux de l'école économique de la sélection de portefeuille raisonne en se servant d'une loi de probabilité unique pour les prévisions de chaque agent et pour ce que le modélisateur considère comme objectif. Cela revient à dire que les agents ont la même vision de l'avenir et ne diffèrent que par leur fonction d'utilité. Je crois qu'un marché financier est fait au contraire d'opinions fondamentalement différentes. Cette école se situe donc en amont de la rupture qui fait que les actifs contingents peuvent être couverts exactement et que les tendances sont subjectives.

mation publiquement disponible. L'évolution des autres actifs ne peut, par les corrélations avec l'actif étudié, fournir des possibilités de gain.

Dans le cas de *l'efficience forte*, le prix contient toute l'information économique publique ou privée. Sous une telle hypothèse, nul ne peut battre en moyenne le marché.

Comme le souligne Shiller, dans une intéressante monographie [1], il n'y a aucune définition universellement acceptée de la notion de modèle de marché efficient. Néanmoins, si l'on se met d'accord sur l'une des définitions d'un tel modèle, il devient possible d'étudier si les marchés réels sont efficients ou non, par des mesures quantitatives. De nombreux travaux reprennent cette préoccupation et tentent de mettre en évidence des anomalies, des effets de mode, de grégarité de comportements, de bulles spéculatives, etc., par des études de covariance, des tests de régression et d'autres techniques [2], certaines de ces études abordent le cas important et préoccupant des krachs. Sous l'angle de la pertinence économique, la notion d'efficience peut également être précisée et l'on peut distinguer [3], notamment, *une efficience dans la diversification du risque* qui est relative au caractère *complet* des marchés [4] et l'importante notion d'*efficience allocative* relative à l'utilisation optimale du capital dans ses divers usages. C'est une acception moins abstraite où l'on redonne à la réflexion des visées plus opérationnelles.

La question de l'efficience des marchés se présente donc comme une succession de tentatives pour modéliser les marchés idéaux – idéaux par leur pertinence écono-

---

1. R. J. Schiller, *Market Volatility*, MIT Press, 1969.
2. Une des premières études sur l'inefficience est due à Roll et porte sur les prix des futures sur les jus d'orange vis-à-vis des prédictions météorologiques (1984).
3. Cf. Aglietta, *op. cit.*, où les notions d'efficience sont présentées et discutées de façon claire.
4. Dans un marché complet, tous les produits dérivés possibles et imaginables peuvent être couverts selon le principe de non-arbitrage par un portefeuille bien choisi.

mique ou parce qu'ils empêchent les stratégies sûrement bénéficiaires. Puis, par une démarche scientifique naturelle qui conduit la physique à étudier les gaz parfaits avant les gaz réels, les solides élastiques avant les solides réels, etc., on s'est attaché à voir si ces marchés idéaux ainsi modélisés étaient déductibles d'hypothèses économiques d'équilibre ou de comportement rationnel. Enfin, des critiques de ces modèles sont apparues par l'examen d'anomalies dans les prix observés ou les allocations des ressources et des modèles plus perfectionnés ont été proposés...

Le principe de couverture apporte un éclairage original à cette vaste question. Il n'est pas une réponse au dilemme efficience/non-efficience. Il dit simplement que chacun est parfaitement en droit de considérer que certaines ressources sont mal allouées, qu'il serait plus rentable de mettre des capitaux ailleurs pour qu'ils soient mieux rémunérés. Il est de fait que les divers intervenants sur le marché ont des convictions différentes. *Mais, si un opérateur utilise de telles convictions pour gérer un produit dérivé, il prend un risque là où il était possible de ne pas en prendre* en réalisant une couverture par suivi de marché.

En particulier, on prend un risque en se servant d'une façon ou d'une autre du fait qu'un actif serait une martingale. Ainsi, la logique des marchés financiers fondée sur l'argument de non-arbitrage et le principe de couverture situe dans le domaine du *subjectif* la question de savoir si le cours d'un actif est une martingale ou non. Dès lors, certains travaux visant à savoir si les marchés sont efficients reviennent à se placer abstraitement suivant une super-probabilité qui régirait le monde du point de vue de Sirius et serait celle d'une connaissance économique vraie, mais que personne n'a les moyens d'acquérir.

D'ailleurs, cette problématique ne se limite pas à la question de l'efficience et concerne assurément une grande part de l'économie théorique. Si l'on prend conscience des rôles historiques et actuels de l'économie comme connaissance académique d'une part et des marchés financiers d'autre part, on assiste à une partie de bras de fer épistémologique dans laquelle tout concept universel proposé par la science économique – et en particulier la compréhension du marché mondial – est disqualifiable par la réalité de marché. Autrement dit, nous constatons, à propos de l'efficience, que certains concepts économiques appuient leur objectivité sur une science très idéalisée. Par suite, il apparaît un éclatement et un déplacement de la fonction d'économiste entre celle de scientifique sur le modèle du physicien et celle de l'ingénieur ou du conseil. Ceux-ci utilisent des langages spécialisés dans un cadre socio-professionnel spécifique et précis pour construire des modèles ou des arguments. La pertinence de leur représentation est indissociable de ce lieu [1]. Nous reviendrons plus loin sur les conséquences de cette évolution.

Si les marchés financiers récusent la scientificité – au sens de connaissance objective et universelle – de toute explication de ce que seront les cours dans quelques mois ou de ce qu'ils devraient être s'il n'y avait pas de spéculation, c'est en définitive parce qu'ils entretiennent un rapport particulier avec la connaissance qu'il convient d'expliciter. Cela nous amène à des interrogations sur de nouvelles formes de pratiques scientifiques.

---

1. Il est intéressant de remarquer que dans la réflexion macro-économique, qui, malgré les précautions méthodologiques, conserve toujours un aspect normatif, les années 70 qui ont tant marqué la finance ont été caractérisées par le fait que « la modélisation quitte le domaine académique pour devenir une activité " industrielle " avec la construction de grands modèles par des institutions privées (DRI ou Wharton) ou publiques (BEA) » (P.-A. Muet, « Le positif et le normatif dans la modélisation macroéconomique », OFCE, octobre 1996).

XII – *Place particulière de la finance dans la production des connaissances*

Le lecteur aura relevé que pour comprendre les enjeux de la finance contemporaine et être à même d'aborder ses articulations avec l'économie et la politique, nous n'avons pu nous contenter d'un discours qualitatif. Il nous a fallu faire appel à des mathématiques avancées, telles que mouvement brownien, calcul d'Ito, intégrale, martingales, etc. C'était indispensable pour y voir clair, pour mieux comprendre les phénomènes de hasard, les questions de stabilité et d'instabilité, les diverses formes de spéculation, et pour appréhender la rupture conceptuelle de la couverture exacte sur lesquels reposent les nouvelles pratiques.

C'est une difficulté, évidemment. À notre époque, la pensée critique a du mal à faire son chemin dans les domaines scientifiques. Également, les médias ont peine à pénétrer ces domaines. Il y a là une résistance qui tend à séparer de façon étanche les modes d'expression scientifique et le langage commun en deux cultures distinctes. À tel point qu'une certaine sociologie récente prétend rendre compte des liens entre science et société sans faire l'effort de pénétrer les contenus de connaissance et se limite par là même à une bien faible lumière. Dans le cas qui nous occupe, cette résistance est intéressante en elle-même, elle est un indice. S'il était facile de comprendre les marchés financiers, il est probable que leur pouvoir ne parviendrait pas à s'insérer si bien dans la vie économique, ils seraient rapidement délégitimés et disqualifiés.

Nous n'avons d'ailleurs que peu abordé la technicité financière. Nous ne sommes pas entrés dans les détails de la vaste botanique des nouveaux produits dérivés [1] et de leur gestion, ni dans les détails des méthodes de prises de position ou d'arbitrage. Il y a dans ces domaines une innovation rapide tant pour les produits que dans les réflexions et les modèles en vue d'opérer sur les marchés. Les idées se renouvellent rapidement [2]. Il existe actuellement une trentaine de bonnes revues internationales sur la finance, publiant essentiellement des articles très mathématisés. Mais ce n'est là que la partie collective des savoirs, qui ne représente qu'une fraction des connaissances évidemment. Les salles des marchés et leurs ateliers utilisent, pour la spéculation économique, psychologique ou mathématique, des savoirs qui ne sont divulgués que lorsqu'ils n'ont plus d'utilité pratique.

NOUVEAUX DÉBOUCHÉS SCIENTIFIQUES

Durant ces vingt dernières années aux États-Unis, puis, avec un certain décalage, en Europe, la nouvelle finance a créé des débouchés scientifiques. Alors que précédemment les métiers de la banque étaient principalement l'apanage des formations économiques administratives ou de sciences politiques, voire même littéraires (Georges Pompidou en est un exemple), et n'employaient que peu d'ingénieurs pour expertiser la santé technique des entreprises, ils deviennent durant la dernière décennie un important débouché des grandes écoles scientifiques, dont près de 15 % des élèves

---

1. Voir dans le glossaire Options (classification).
2. Parmi les thèmes de recherche active, citons : la question des processus présentant des sauts, les marchés incomplets, l'évaluation et la couverture des options complexes, le traitement des événements rares et les grandes déviations, etc.

s'orientent désormais vers la finance, en France ou à l'étranger. Ces différences d'éducation ne manquent pas d'ailleurs de créer quelques perturbations au sein des organismes bancaires. Mais les nouvelles idées progressent vite.

Le mouvement brownien et le calcul d'Ito sont maintenant enseignés dans les écoles de commerce, les troisièmes cycles universitaires créent des options « finance » liées aux DEA de sciences économiques ou de probabilités qui attirent beaucoup d'étudiants. Dans les départements d'économie des universités américaines, à l'Université du Texas à Austin par exemple, on met à la disposition des étudiants des postes de travail informatiques reliés en continu aux données de marché (les cours *spots*) sur lesquels ils peuvent pratiquer la gestion de portefeuille selon les procédures de couverture enseignées, ou selon leurs propres idées, à titre d'exercice en blanc ou en opérant de vraies transactions suivant un protocole convenu grâce à un fonds qui leur est alloué par des entreprises contribuant au financement de l'enseignement. De telles installations ont d'ores et déjà fait leur apparition en France dans certaines grandes écoles. Les Américains ont mobilisé rapidement des intelligences vers ce domaine dont ils ont perçu les enjeux et ils y ont encore un rôle prépondérant de créateurs et d'exportateurs d'idées [1].

ENSEIGNEMENT ET FINANCE

Ces nouveaux débouchés scientifiques posent des problèmes à l'enseignement. Dans tous les pays, avec des nuances naturellement, la formation des ingénieurs repose essentiellement sur l'apprentissage d'un « savoir bien faire » (plus large que ce qu'on désigne généralement par « l'état de l'art ») qui consiste surtout en une méthode d'approche des

---

1. Phénomène analogue à ce qui est en train de se produire en biologie avec les laboratoires de génie génétique.

projets tenant compte des développements scientifiques et donnant les moyens de décisions raisonnables. Le fait que, de plus en plus, la responsabilité des choix techniques est prise par une pluralité d'intervenants au cours d'un accouchement collectif laborieux nécessite un apprentissage spécifique et atténue le rôle de concepteur individuel qu'on attache traditionnellement au métier d'ingénieur. Mais cela ne modifie pas fondamentalement les choses quant aux contenus des enseignements. La finance, en revanche, vient bousculer ce cadre d'organisation préprofessionnel, qui tire son origine lointaine de la philosophie des Lumières, car il convient mal aux particularités des connaissances utiles aux financiers.

Les processus de transmission des compétences et de perfectionnement des idées sont très différents dans la finance et dans l'industrie car les savoirs ne sont pas de même nature. On ne peut pas imaginer de brevets sur les spéculations ou leurs mises en œuvre. La gestion des hommes est donc plus importante encore dans la finance que dans l'industrie et les clauses des contrats sur les secrets professionnels y sont très strictes. Les stagiaires des écoles ou de l'université ne sont pas tellement souhaités car ils sont à la fois internes et externes. Cela entraîne aussi que la politique de recherche et du développement est plus « sauvage », pour ainsi dire, en ce sens que la tendance est à ne pas rémunérer le travail intellectuel en tant que tel mais uniquement ses résultats. Alors que des cours de procédés de fabrication existent dans la plupart des écoles d'ingénieurs, un cours de procédés d'arbitrages est absolument impensable. Tout simplement parce qu'on n'aurait pas les éléments pour le faire puisque, si un arbitrage est notoire, le différentiel sur lequel il repose disparaît et l'arbitrage avec lui. De tels cours ne peuvent se concevoir en dehors de structures privées liées aux établissements financiers recruteurs, ce qui commence à se produire pour améliorer la transmission des savoirs de plus en plus complexes, comme nous l'avons vu.

PRIVATISATION DES SAVOIRS
ET CONNAISSANCE DE « DOMAINE PUBLIC »

Un constat général que confirment tous les enseignants est que les étudiants et les élèves ingénieurs contestent de plus en plus les cours théoriques. Ils réclament des enseignements utiles. Mais, dès lors qu'ils se rendent compte que ce qui est le plus utile pour eux consiste en ce qu'ils savent et que les autres (avec lesquels ils sont en concurrence d'embauche) ne savent pas, on arrive à une situation qui tend à partager progressivement les contenus de l'enseignement en deux grandes catégories.

D'une part, la théorie, typiquement l'enseignement universitaire traditionnel dans son acception la plus universaliste et la moins pragmatique, accessible à tous, gratuit ou bon marché, fondé sur des documents publiés ou du moins disponibles ; il s'agit de connaissances du *domaine public* [1] dont la qualité est liée aux références scientifiques internationales aux revues, aux congrès et à la vie de la recherche menée dans les communautés scientifiques de chaque discipline.

D'autre part, les connaissances utiles, coûteuses, dispensées plutôt par des praticiens ou des spécialistes-conseils, qui se situent clairement dans une perspective pré-professionnelle et sont d'autant plus onéreuses qu'elles sont susceptibles de déboucher sur de plus grosses rémunérations.

À la limite, on entrevoit une dérive progressive vers une complète privatisation des savoirs, où l'universalité d'une

---

1. Rappelons qu'en informatique il existe des logiciels gratuits qui sont appelés « de domaine public » qu'on peut se procurer et utiliser sans droits. Dans chaque catégorie (traitement de texte, bureautique, calcul scientifique, etc.), ils représentent le niveau le plus bas de l'échelle de qualité. Ce qui n'empêche pas que leur nombre augmente et que leur qualité s'améliore mais avec retard par rapport aux logiciels du commerce ou privés.

connaissance est synonyme de « sans valeur » et où les connaissances accessibles et valides pour tous sont sans intérêt précisément à cause de cela et où, *a contrario*, les savoirs restreints à une communauté, une classe sociale, une corporation, ont un certain degré de pertinence précisément à cause de cela, selon une hiérarchie inversée des valeurs où la recherche utile est celle qui se fait dans le secret des officines tandis que la science au sens des lumières ne recueille que ce qu'on veut bien lui laisser.

Mais, me dira-t-on, quels liens cette analyse a-t-elle avec la finance, ne pourrait-on pas dire la même chose de la connaissance médicale, par exemple, en y craignant une privatisation progressive des savoirs, alors qu'on constate pourtant la prééminence de la recherche hospitalo-universitaire? La finance a la particularité d'utiliser des connaissances furtives. Si un spéculateur révèle l'arbitrage qu'il a décelé, celui-ci disparaît; telle n'est pas la situation du médecin qui découvre une nouvelle thérapeutique. La gestion de l'information est cruciale en finance, cela conditionne le profit. La finance constitue donc un révélateur de cette problématique. Au demeurant la question est plus générale [1], et de nombreux intellectuels se préoccupent de comprendre pourquoi, en cette fin de siècle, la culture, non seulement scientifique mais littéraire et artistique, se développe sans reprendre l'universalité parmi ses critères de référence.

---

1. Je pense notamment à l'ouvrage de M. Gibbons, C. Limoges, H. Nowotny, S. Schwartzman, P. Scott et M. Trow, *The New Production of Knowledge, the Dynamics of Science and Research in Contemporary Societies*, Londres, SAGE, 1995.

XIII – *Pouvoir et innocence des marchés financiers*

La quantité de marchandise universelle, celle d'une marchandise particulière, peuvent être rapportées à des nombres; mais l'envie d'acheter et celle de vendre ne sont susceptibles d'aucun calcul, et cependant les variations de prix dépendent de cette quantité morale, qui dépend elle-même de l'opinion et des passions.

CONDORCET

Une évolution s'est fait sentir ces dernières décennies quant au rôle et au pouvoir de l'État. En France, les gouvernements de la IVᵉ République, malgré la précarité de leur équilibre due à des règles électorales permettant difficilement de dégager des majorités, disposaient d'un pouvoir économique considérable, comparable à celui d'un monarque de l'Ancien Régime. Les deux outils de la création de monnaie et de la dévaluation étaient à disposition dans un contexte keynésien justifiant l'interventionnisme de l'État.

Aujourd'hui, l'État-nation est un niveau parmi d'autres de prises de décisions. Par le double mouvement de la décentralisation et de la construction européenne, la politique économique s'élabore dans les cadres communal, départemental, régional et européen par des concertations entre les collectivités locales et les entreprises. Les objectifs publics ne sont plus atteints par la mise en œuvre d'un pouvoir régalien légitimé par les urnes, mais résultent le plus souvent d'une négociation entre les acteurs concernés – industriels, élus, associations d'usagers, experts – et entre plusieurs échelles territoriales [1].

Pour la réalisation d'un ouvrage, viaduc ou tunnel par exemple, il ne suffit plus de faire une étude économique pour justifier l'intérêt du projet. Tout le monde est très attaché à la pertinence économique des projets mais on préfère laisser les agents économiques prendre leur part d'initiative financière si l'équipement les intéresse plutôt que de faire confiance à une étude faite par les services de l'État.

Indépendamment de l'évolution récente de la réalité financière, cela suffirait, en contrecoup des pertes de pouvoir de l'État, compte tenu du libéralisme ambiant, à faire désigner les marchés comme nouvelle puissance en dernier ressort.

Au demeurant, s'il y a un pouvoir des marchés financiers, il doit pouvoir être analysé.

D'abord, y a-t-il des modifications récentes des institutions financières qui expliqueraient l'évolution de ces deux dernières décennies ? Peut-on comprendre comment sont prises les décisions qui provoquent les mouvements des marchés ? Cela pose, ensuite, la question incontournable de la psychologie des opérateurs.

---

1. Voir notamment l'ouvrage déjà cité de P. Veltz où est étudiée l'évolution du « modèle français » et où sont proposés des outils d'analyse pour comprendre le fonctionnement économique actuel dans ses aspects territoriaux et mondiaux.

MODIFICATION DES RAPPORTS DE POUVOIR
DUE À L'APPARITION DES MARCHÉS DÉRIVÉS

Pour comprendre le rôle actuel des marchés financiers dans la construction européenne ou l'évolution des pays du tiers monde, il est indispensable de voir comment *la mise en place des marchés de produits dérivés a modifié les rapports de pouvoir économique*. Même les principaux acteurs du jeu économique que sont les grandes entreprises et les États sont obligés de tenir compte des signaux ou de l'avis des marchés. Comment cette révolution de palais a-t-elle pu se produire ?

Nous avons à plusieurs reprises évoqué les marchés de produits dérivés, qui des États-Unis ont été importés dans les années 80 en Europe et au Japon et se répandent maintenant dans les places financières émergentes des pays en mutation. Ils constituent une vaste botanique qui s'enrichit chaque année de plusieurs configurations nouvelles. Rappelons qu'ils portent sur des *contrats à terme*. Il s'agit donc d'accords entre deux parties de réaliser une transaction ultérieurement moyennant le paiement comptant d'un certain prix par l'une des deux à l'autre [1]. J'ai beaucoup parlé des *options*, car elles en constituent l'exemple le plus important, mais cela vaut aussi pour les *futures*, les *swaps*, etc. « Ultérieurement » signifie « dans trois mois », « dans six mois », ou davantage, ou encore, plus subtilement, « quand on veut avant telle date », ou même, avec les produits récents, « dès que tel événement boursier se produit et avant l'arrivée de tel autre », etc.

Évidemment, bien des événements incertains peuvent se produire entre l'accord et l'échéance. C'est précisément ce qui fait l'utilité de ces nouveaux instruments. Nous avons vu par exemple qu'une option pouvait permettre à un indus-

---

1. Certains de ces contrats peuvent aussi ne donner lieu à aucun paiement comptant.

triel (importateur ou exportateur) de se défaire des risques de change, moyennant bien entendu le paiement d'un prix pour ce service.

Instituer *les marchés organisés* de produits dérivés – LIFFE à Londres, MATIF et MONEP en France, DTB en Allemagne – à l'instar des États-Unis aura été un coup de génie. Pour la France, cette mise en place fut le signe de l'internationalisation de la place de Paris. Il faut bien comprendre en effet que les produits dérivés correspondent à de réels besoins. Proposés par les banques comme un service aux entreprises, pour leur permettre de couvrir certains risques, ces produits sont vite apparus effectivement utiles. Mais il n'était pas strictement indispensable d'en organiser les marchés, puisque leurs sous-jacents (devises, actions, matières premières, obligations) étaient eux-mêmes cotés sur des marchés organisés. Comme nous l'avons vu, cela permettait de les évaluer, en application notamment du l'argument de non-arbitrage et de les couvrir par suivi de marché.

En créant les marchés dérivés – outre les transactions usuelles de gré à gré –, la finance internationale prenait le pouvoir économique. Pourquoi ? Par le simple fait que, par rapport à la bourse traditionnelle qui ne fournit essentiellement que la cotation instantanée des cours, on mettait en place un dispositif qui apprécie de façon beaucoup plus précise l'économie en portant des jugements chiffrés sur les évolutions des actifs et leurs corrélations à diverses échéances. Il est, sur ces marchés, parfaitement possible d'exprimer que telle devise ou telle action va monter pendant trois mois, redescendre les trois mois suivants pour remonter ensuite. Les marchés dérivés qualifient l'activité économique de façon précise, de sorte que les experts du ministère des Finances ou les trésoriers des grandes entreprises y trouvent une information sur presque tous les choix qu'ils envisagent *et dont ils ne peuvent pas ne pas tenir compte* sauf à prendre des risques supplémentaires.

Il est clair que si un chef d'entreprise, ou un gouvernement, veut rendre sa stratégie économique efficace, il doit la faire connaître et tenter de la faire croire bonne. Les moyens d'expression sont donc d'une grande importance économique. À cet égard, *les marchés dérivés se comportent sociologiquement comme des médias*, ils expriment l'opinion publique. Mais, si tout le monde est libre de s'y exprimer, c'est bien évidemment en proportion de son assiette financière [1] que chacun pourra s'y faire entendre.

Certains milieux politiques s'efforcent de présenter cette évolution comme tendant à constituer un pouvoir absolu. Cela me paraît très excessif, car l'expertise économique affichée par les marchés est *incomplète*, même si elle l'est beaucoup moins qu'autrefois [2]. En particulier, les facteurs profonds qui vont conditionner l'avenir – qualité de l'éducation, de la recherche scientifique, du lien social – n'y sont pas appréhendés directement. D'une façon générale, nous y reviendrons, l'importance relative des facteurs déterminants à long terme est sous-estimée par les marchés financiers.

PSYCHOLOGIE ET FONCTIONNEMENT DES MARCHÉS

Du point de vue du fonctionnement économique, un inconvénient grave de la loi du marché est qu'elle a des évo-

---

1. La mise en place des marchés dérivés et la lecture de l'économie qui s'y affiche sont certainement un élément à prendre en considération si l'on veut rendre compte de la prédominance des États-Unis en cette fin de siècle. D'abord, sur les techniques liées aux produits dérivés, les États-Unis ont eu une avance conceptuelle importante sur le reste du monde qu'ils maintiennent et qui leur permet d'innover ; ensuite, la complexité des techniques leur a permis de mettre à profit leur avance en informatique ; enfin des procédures économiques qui étaient déjà en usage chez eux et auxquelles ils étaient familiarisés s'exportaient dans le monde entier.

2. Les mathématiciens de la finance en sont parfaitement conscients et de nombreux travaux de recherche portent actuellement sur de meilleures modélisations des marchés incomplets.

lutions bizarres. C'est en soi un phénomène curieux. On pourrait croire que, sur les devises par exemple, l'ouverture des marchés et la mondialisation, en augmentant considérablement le nombre des intervenants et le volume des transactions, conduiraient à une sorte de moyennisation par effet d'échelle. Les cours ne bougeraient plus beaucoup, chaque intervenant étant petit à l'échelle mondiale. La physique nous fournit cette intuition, puisque, dès que la taille d'un grain de matière est macroscopiquement significative, son mouvement devient plus régulier, l'agitation thermique ne se voit plus et les lois de la mécanique classique s'appliquent.

La raison en est que les cours n'ont pas d'inertie. La production des biens et la plupart des grandeurs descriptives *en volume* de l'économie présentent de l'inertie, ainsi que beaucoup de variables concernant les phénomènes sociaux, comme on le constate en urbanisme ou en démographie. Par exemple, le taux de natalité d'un pays comme la France varie très lentement. La bourse, elle, a ses états d'âme, s'agite et peut s'affoler. Pour chaque intervenant, le marché apparaît comme une entité significative – à tel point que la presse financière le personnalise très naturellement : « le marché croit que... », « le marché est optimiste », etc. –, alors qu'il n'est que l'addition des comportements des intervenants eux-mêmes. Dès lors les aspects psychologiques y sont permanents. Par le jeu des produits dérivés qui auscultent les anticipations des acteurs et par celui des traitements informatiques standardisés (aides à la gestion de portefeuille proposant des recettes souvent illusoires [1]), ses réactions s'amplifient spontanément et peuvent quitter le raisonnable – bulles spéculatives – et revenir brutalement au calme plat comme l'hystérique après sa transe. Il est clair

---

1. Ainsi que nous l'avons vu à propos de la stabilité en présence de bruit, le hasard a ses illusions comme l'optique. On croit que telle trouvaille est bonne parce qu'elle marche 9 fois sur 10 sans penser que, lorsqu'elle échoue, la perte est 9 fois plus grande.

que ces caprices pénalisent les faibles par rapport aux forts, tant pour les entreprises que pour les nations. Le président du Fonds monétaire international dénonçait récemment cette maladie chronique du système et préconisait la création d'un fonds spécial pour « aider les pays membres qui appliqueraient des politiques saines à ne pas être déviés de leur route par une perte temporaire de confiance des investisseurs internationaux ». Y a-t-il de l'absurde dans le comportement des marchés ? Cette question est légitime.

Dès lors que les aspects psychologiques sont inhérents au fonctionnement des marchés, il convient de les décrire. Comment se faire une idée des représentations psychiques des praticiens ?

Les liens entre l'argent et la vie affective consciente et inconsciente sont un sujet qui peut entraîner évidemment des considérations très vastes et nous nous bornerons à quelques indications sans prétention exhaustive. Depuis les travaux initiaux de Freud, qui évoquent essentiellement l'interprétation inconsciente de l'argent en termes de fèces, les développements récents de la psychanalyse montrent que le rapport à l'argent est plus complexe, non seulement en ce qui concerne son rôle dans le cadre de la cure, mais comme vecteur d'identification dans l'organisation du moi [1]. D'ailleurs, cette perspective plus large est déjà ouverte par Freud lorsqu'il écrit : « L'analyste ne conteste pas que l'argent doive, avant tout, être considéré comme un moyen de vivre et d'acquérir de la puissance, mais il prétend qu'en même temps d'importants facteurs sexuels jouent leur rôle dans l'appréciation de l'argent et c'est pourquoi il s'attend à voir les gens civilisés traiter de la même façon ces questions d'argent et les faits sexuels, avec la même duplicité, la même pruderie et la même hypocrisie. »

Les penchants névrotiques que sont la paranoïa et l'hys-

---

1. Voir I. Reiss-Schimmel, *La Psychanalyse et l'argent*, Odile Jacob, 1993.

térie, et qui sont présents sous des formes plus ou moins marquées dans le système psychique de tout individu, peuvent aussi apparaître, dans la mesure où ils contribuent à orienter et mobiliser l'énergie disponible, comme des ferments ou des catalyseurs de son activité.

La paranoïa est une configuration psychologique qui tend à faire voir le monde en interprétant les inquiétudes par des idéalités globales et générales où leur danger apparaît plus dramatiquement. Quant à l'hystérie – on ne sait pas finalement si celle-ci est plutôt féminine et celle-là plutôt masculine ou bien si ce qui pourrait le faire croire est relativement fortuit –, elle est une affection délocalisée, elle accorde une place précieuse à la relation particulière avec autrui. Freud la présente comme un facteur de communication inconsciente : son mécanisme, nous dit-il dans *L'Interprétation des rêves*, repose sur l'identification. Grâce à ce moyen les malades expriment par leurs symptômes les états intérieurs de diverses personnes. « Ils peuvent souffrir en quelque sorte pour une foule de gens et jouer à eux seuls tous les rôles d'un drame. » Pour Freud, la voie suivie par l'imitation hystérique est un processus de déductions inconscientes. « Si un médecin a mis avec d'autres patientes, dans une chambre de clinique, une malade qui possède une certaine espèce de tremblement, il ne sera pas étonné d'apprendre, un matin, que cet accident hystérique a été imité[1]. » C'est que les malades sachant en général beaucoup de choses les unes sur les autres, si l'une reçoit une lettre, les autres comprendront sa nostalgie ou son chagrin. « Leur compassion s'émeut et elles font inconsciemment le raisonnement suivant : *si ces sortes de motifs entraînent ces sortes de crises, je peux aussi avoir cette sorte de crise car j'ai les mêmes motifs[2].* » Le processus d'imitation restant inconscient, la déduction ne conduit pas à

---

1. S. Freud, *L'Interprétation des rêves*, trad. fr., I. Meyerson, PUF, 1926, éd. révisée 1967.
2. Souligné par Freud, *op. cit.*, p. 136.

l'angoisse de voir survenir la même crise mais à la réalisation du symptôme lui-même.

Comment ne pas rapporter les emballements des salles des marchés à de l'hystérie ? À l'évidence, il y a beaucoup d'inconscient dans le comportement des acteurs financiers et leur propension à deviner les états d'âme des autres pour aller dans le même sens fait appel au même mécanisme psychique que celui que décrit Freud.

D'ailleurs, dans la mesure où cette quête des états d'âme des autres se fait sur le mode de l'inquiétude et du qui-vive, les praticiens des marchés financiers essayant d'interpréter les moindres indices pour y projeter une signification économique, des accents paranoïaques sont présents également dans ces comportements. Cette thèse est développée par Frédéric Lordon [1] qui met l'accent sur le délire interprétatif. Ainsi que le montre Claude Olievenstein [2], la paranoïa est très présente dans la vie quotidienne et très graduelle, depuis le mari jaloux qui lit dans des gestes anodins de sa femme les preuves qu'il cherche et qui confirment ses craintes, jusqu'au faiseur de système, ombrageux et coupé de la réalité. Or les opérateurs sont des hommes et il est vrai que les financiers, dans leurs rapports au pouvoir politique, interprètent les cours des marchés pour juger l'économie à travers une grille, que Lordon désigne sous le terme de *crédibilité*. Cette grille peut être le moyen d'un pouvoir abusif.

Notons que tant les accents hystériques que paranoïaques ont des effets autoréalisateurs mais à des niveaux différents. D'un côté, le paranoïaque trouve dans la lecture du monde à travers sa grille une confirmation de celle-ci, d'un autre côté, ainsi que Freud le souligne, l'hystérique a des symptômes véritablement contagieux, comme le sont

1. F. Lordon, « Marchés financiers, crédibilité et souveraineté », *Revue de l'OFCE*, juillet 1994.
2. *L'Homme parano*, Odile Jacob, 1992.

les processus mentaux à l'origine de la mobilité des capitaux.

On trouve donc dans le fond psychologique des comportements des marchés des tendances paranoïaques et des tendances hystériques. Est-ce à dire que les financiers sont plus fous que les autres ? Certainement pas, la finance est simplement une pratique très humaine. On trouverait bien autant et même plus de folie dans des activités comme les arts plastiques où l'œuvre d'avant-garde souvent nous propose un « j'existe » incompréhensible comme un cri, ou dans le comportement des scientifiques « maudits ».

La question concrète qui se pose est de savoir si parmi les comportements des opérateurs des marchés on peut décrire objectivement certains agissements qui pour être une tendance spontanée et naturelle n'en sont pas moins dangereux, de sorte qu'il convient de leur prescrire des limites.

L'analogie avec le trafic automobile est à cet égard tout à fait suggestive. La psychologie, on le sait, y joue un grand rôle : volonté de puissance, urgence de besoins égoïstes, etc. Parmi les comportements des automobilistes, la vitesse est apparue progressivement comme un facteur clef, tendance spontanée et naturelle génératrice de danger. Cela a conduit à définir une vitesse maximale sur route et sur autoroute [1]. En ce qui concerne les marchés financiers et la finance plus généralement, la problématique du risque est analogue. Comme le soulignait Henry Kaufman lors d'une conférence à l'International Organisation of Securities Commissions, « les participants au marché financier sont toujours tentés de repousser la limite des risques, à moins qu'ils ne soient spécifiquement empêchés de le faire et qu'ils soient étroite-

---

1. Tout en autorisant l'immatriculation de véhicules beaucoup plus rapides, hypocrisie qu'on peut penser transitoire.

ment surveillés [1] ». Des règles nationales, européennes [2] et internationales sont progressivement mises en place. Elles consistent, d'une part, à limiter les effets de levier [3] autant qu'il est possible par des *ratios prudentiels* de nature diverse, notamment en imposant des fonds propres suffisants par rapport aux endettements ; d'autre part, à inciter les établissements à une gestion lucide et permanente des risques par des procédures internes strictes afin d'éviter des accidents du même genre que celui de la Barings. Accident qu'un représentant des autorités de tutelle résumait en ces termes : « Combien de temps met-on dans une banque pour découvrir un trader fou [4] ? »

Mais c'est là une formulation un peu trop propre à disculper les dirigeants. Nick Leeson est-il plus fou que vous et moi ? L'atmosphère fébrile des salles des marchés et le plaisir excitant qu'elles suscitent semblent bien de même nature que dans les réunions préélectorales, sur les champs de courses ou dans les compétitions sportives : des comportements très humains !

Cette discussion peut éclairer l'usage de *la criée* que nous avions évoquée dans la partie précédente. La science, par les mathématiques, par l'économie et par l'analyse des risques, impose de plus en plus de rationalité au monde de la finance. L'informatique, grâce aux bases de données, aux réseaux de communication et aux algorithmes de calcul, favorise aussi cette rationalisation ; les salles bancaires et les marchés organisés ont pris l'apparence de la société cybernétique que les films d'anti-

---

1. H. Kaufman, « Ten reasons to reform », *Euromoney*, novembre 1992, repris dans *Problèmes économiques*, n° 2347, 1993.
2. Directive européenne de 1993 sur les fonds propres des établissements de crédit.
3. Les produits dérivés rendent plus faciles les effets de levier importants. Voir notamment les exposés de J. A. Scheinkman, de M. H. Miller et de J. Saint-Geours au colloque *Risques et Enjeux des marchés dérivés*, *op. cit.*
4. *Les Échos* du 28 février 1995.

cipation nous avaient montrée. Mais, comme par une angoisse devant un monde totalement rationnel dont nous savons depuis Fritz Lang et Aldous Huxley qu'il se transforme en enfer dès lors qu'il vise à l'absolu, la vie dans une de ses expressions les plus hystériques est maintenue par l'usage de la criée à Londres sur le LIFFE à l'instar de certains marchés américains. Depuis les salles des banques et des grandes firmes internationales, les réseaux convergent vers les terminaux des marchés disposés en amphithéâtre comme des capteurs autour de ce cœur vital où s'émeut une petite foule bruyante et colorée, imprévisible pour le profane comme la danse de la pythie l'était à Delphes. Quelle curieuse dualité! D'un côté la science, paranoïa réussie, selon le mot de Lacan, de l'autre une improvisation théâtrale exigeant des réponses immédiates qui font passer le raisonnement après les intuitions pulsionnelles...

Il convient d'ajouter que personne ne souhaiterait un système dans lequel les cours des actifs seraient faits de paliers successifs hebdomadaires ou quotidiens. Ce pourrait être compatible avec la vie économique, mais cela interdirait la couverture des produits dérivés. Il est donc souhaitable de favoriser une certaine folie instantanée génératrice de hasard.

Par ailleurs, l'informatique est en train de conquérir les marchés dérivés français, allemand et suisse, car elle prétend fournir autant d'informations sinon plus aux praticiens.

LE MARCHÉ COMME UNIVERSALISME

Pour mieux apprécier la place des marchés financiers vis-à-vis du reste de l'économie, nous allons rester un instant encore dans le domaine de la psychologie et montrer que les marchés financiers sont les seuls à fonctionner vraiment comme des marchés, c'est-à-dire sur le seul critère du niveau des prix. Il apparaîtra dès lors que la notion de marché est l'expression d'un idéalisme.

Nous ne sommes pas naturellement des agents économiques. Que les échanges, le travail, la production des biens s'organisent comme si chaque individu définissait ses critères en fonction desquels il rationalisait ses comportements, contribuant ainsi à déterminer des prix qui régulent les transactions, voilà une conception très artificielle. Dans les sociétés traditionnelles, le fait qu'il y a échange ou non, et entre qui, avait souvent plus d'importance que le résultat de la transaction [1].

Pierre Bourdieu, revenant sur ses premières études [2], montre combien, pour une société comme celle des Kabyles, l'économie économique, telle que nous la pratiquons, s'oppose aux usages traditionnels. Elle est plutôt confiée aux femmes, les hommes étant tenus à l'honneur et à la bonne foi qui exclut, par exemple, que l'on prête avec intérêt à quelqu'un de la famille. « Lorsqu'il s'agit d'affaires, les lois de la famille sont suspendues. Que tu sois mon cousin ou pas, je te traite comme un acheteur quelconque, il n'y a pas de préférence, de privilège, d'exception, d'exemption. [...] À l'inverse de ce qu'exige l'économie des biens symboliques on y appelle un chat un chat, un profit un profit. »

La situation est analogue, *mutatis mutandis*, dans nos pays industrialisés. Aujourd'hui encore, dès qu'on porte son regard sur autre chose que les biens de consommation courante, sur les transactions plus complexes – opérations immobilières, sièges sociaux, etc. –, l'économie symbolique joue à plein. Une entreprise importante de transport aérien

---

1. Voir à ce sujet l'intéressante comparaison entre la vie dans un village d'Inde et dans un village danois que fait Vito Tanzi dans « La corruption, les administrations et les marchés », *Finance et Développement*, décembre 1995.
2. P. Bourdieu, « L'économie des biens symboliques », in *Raisons pratiques, sur la théorie de l'action*, Seuil, 1994.

de fret envisage-t-elle l'implantation d'un pôle de stockage et de distribution en Europe, les terrains, l'emploi, la fiscalité ne seront pas traités dans les négociations comme des marchés mais comme des domaines de signifiants forts où le prestige, l'imaginaire et les alliances tiennent bonne place.

Depuis longtemps le concept économique de marché a été critiqué comme rendant mal compte de la réalité. En ce qui concerne le marché du travail, par exemple, la thèse classique selon laquelle le niveau des salaires résulte d'un ajustement de l'offre et de la demande d'emploi paraît contestable. On peut notamment lui opposer l'argument que l'offre d'emploi par les dirigeants d'entreprises n'est pas déterminée en fonction des salaires, mais par le niveau de production qu'ils estiment pouvoir écouler, d'où la possibilité d'un sous-emploi au niveau macroéconomique. De même les marchés du logement ou des transports sont-ils à l'évidence gouvernés par des mécanismes beaucoup plus complexes qu'un équilibre par le système des prix.

Ces critiques ont été doublées plus récemment par des objections de nature psychologique. Ainsi, les services de santé ne seront jamais un marché comme les autres compte tenu de la relation particulière entre le patient et le thérapeute. Plus généralement, les valeurs qui ont tendance à compartimenter la société, ainsi qu'on l'observe aux États-Unis, en favorisant les relations entre individus par référence à des appartenances culturelles religieuses ou ethniques : Blancs, Noirs, Portoricains, etc., catholiques, calvinistes (presbytériens), luthériens, baptistes, uniates, orthodoxes, loubavitchs, mormons, hommes, femmes, gays, jeunes, vieillards, etc., font que l'offre et les prix dépendent de multiples catégories. Le fait que la transaction se fasse ou ne se fasse pas résulte alors de critères qui échappent à l'analyse objective. Ces phénomènes semblent confirmer l'une des thèses de l'école psychologique de Palo Alto selon laquelle l'hypothèse implicite de toute l'économie que chaque individu possède un état psychique propre est à rejeter et que la seule réalité est un état relationnel entre un individu et d'autres [1].

Certains vont même, comme Jean-Pierre Dupuy, jusqu'à dire que l'économie est un savoir faux : « La première caractéristique de la vie en société est l'influence ou la dépendance mutuelle, la contagion des désirs, des sentiments et des passions. Il est évident pour tout observateur de la vie économique – sauf peut-être pour les économistes – que la réalité que nous appelons économique est dominée par ces phénomènes d'influence et de contagion. Or, ce qu'on appelle la science économique s'interdit dès le départ de prendre en compte ces influences mutuelles puisqu'elle pose des êtres non socialisés qui ont des intérêts indépendants les uns des autres et qui n'établissent de communication que par l'intermédiaire du système de prix [2]. »

On parle souvent un peu rapidement de « marché » et d'« économie de marché ». Il n'est pas rare de s'entendre proposer un « bon » marché, mais il est peu courant de voir fonctionner une concurrence libre et loyale, pure et parfaite. Le rapport d'activité du Conseil de la concurrence [3] montre que l'équilibre entre le souci d'équité et le souci de « ne pas freiner l'économie » est bien difficile à

---

1. Ainsi que remarque K. J. Arrow, Prix Nobel 1972 : « Le point de départ du paradigme individualiste est le simple fait que toutes les interactions sociales peuvent se résumer à des interactions entre individus [...] Un marché est, pour un économiste, l'illustration parfaite d'une situation résultant d'interactions entre individus » (K. J. Arrow, « Methodological individualism and social knowledge », *American Economic Review*, mai 1994). Sur l'école de Palo Alto, voir J. J. Wittezaele et T. Garcia, *À la recherche de l'école de Palo Alto*, Seuil, 1992 ; P. Watzlawick et J. Weakland, *Sur l'interaction*, Seuil, 1981, et Y. Winkin, *La Nouvelle Communication*, Seuil, 1981.

2. J.-P. Dupuy, *Le Sacrifice et l'Envie, le libéralisme aux prises avec la justice sociale*, Calmann-Lévy, 1992 ; voir aussi « Les bases de la théorie économique sont fausses », exposé au débat « À quoi sert la science économique », ENPC, 1994, *Lettre de l'AFSE*, juillet 1994.

3. *Les Notes bleues de Bercy*, n° 76, décembre 1995.

tenir. Quelle est la frontière entre coopération et entente ? La jurisprudence se complexifie de plus en plus. L'éthique de la concurrence a été abordée dans le rapport Charié (Assemblée nationale, décembre 1993); il propose des principes et fait appel à des valeurs morales et civiques qui paraissent bien angéliques.

Ces difficultés, par effet de contraste, montrent les marchés financiers sous un jour nouveau. Ils sont neutres et libres. Ils ne tiennent compte d'aucune particularité des intervenants. Ils sont indifférents aux appartenances. Ils ne se soucient pas du fait que les inventions de Citroën ont marqué dans le passé l'histoire de l'automobile, ni que le Crédit Lyonnais est né dans un haut lieu du textile. Sous cet angle, les marchés financiers incarnent à bien des égards l'idéal d'une équité neutre vis-à-vis des relations et des attachements culturels.

Comme Machiavel l'avait montré dès le début du XVIe siècle, l'exercice du pouvoir est une succession de risques, de sorte qu'une organisation, pour se perpétuer, doit posséder un dispositif jouant le rôle de suspension pour que le convoi ne verse pas dès les premiers cahots. De même que le droit divin du souverain en titre préserve la légitimité d'un pouvoir exercé en fait par son ministre, de même le scrutin démocratique innocente-t-il l'électeur. Il est responsable des conséquences de ses choix mais ne saurait en être coupable. Et si les marchés financiers ont tellement de pouvoir qu'on peut redouter leur tyrannie [1], il y a tout lieu de croire que leur légitimité s'appuie sur une innocence qu'il convient de dégager et de comprendre.

Premièrement, comme nous l'avons dit, le libre accès et l'universalité des prix sont des caractéristiques importantes des marchés financiers. Elles sont à tort ou à raison considérées comme des qualités, et les autres marchés ne les possèdent pas au même titre.

---

1. H. Bourguinat, *op. cit.*

Deuxièmement, la plupart des gros intervenants sur ces marchés capitalistes sont, non pas des personnes privées, mais des caisses de retraite (ou fonds de pension), des compagnies d'assurances et des fonds d'investissement mutuels. Nous avons déjà évoqué leur importance financière cumulée. Elle est largement supérieure à celle des trésoriers des fonds publics. Ces investisseurs institutionnels rassemblent l'épargne des ménages et sont gérés par des spécialistes des marchés, professionnels salariés qui n'ont d'autre objectif que d'obtenir les meilleurs rendements. Il s'agit donc d'une gestion qui vise la performance pour une épargne plutôt populaire.

À la limite, nous pourrions imaginer une société dont les citoyens consacreraient une part significative de leurs revenus à exprimer en gestionnaires responsables leurs préférences, leurs choix et leurs perspectives économiques par des placements et des transactions sur les divers marchés. La part de la rémunération du capital et celle du travail dans la valeur ajoutée des entreprises sont de 35 % et de 65 % respectivement dans les pays de l'OCDE. Ce ratio varie peu d'un pays à l'autre [1]. De sorte qu'il serait théoriquement possible que chaque personne active gère un patrimoine de valeurs qui lui rapporte environ le tiers de son revenu. Chacun à sa mesure tiendrait les commandes de l'économie et les marchés trouveraient assurément une légitimité démocratique incontestable.

Il est assez de bon sens cependant, compte tenu du hasard et des risques inhérents à la possession d'un portefeuille de valeurs mobilières, qu'une répartition si égalitaire ne resterait pas stable sur de telles proportions. En tout état de cause on observe au contraire une concentration du capital et on bute sur le problème de la distribution des richesses. Les inégalités internationales se creusent de plus en plus. Les pays les plus pauvres s'enfoncent, et l'écart au sein des pays riches entre ceux qui disposent au moins d'un

---

1. Cf. Th. Piketty, *L'Économie des inégalités*, La Découverte, 1997.

petit patrimoine [1] et ceux qui sont en situation précaire ou d'exclusion paraît de plus en plus grand.

Le pouvoir des marchés financiers s'appuie donc sur une certaine innocence *pour autant seulement qu'on oublie le problème de la redistribution des richesses.* Ce qui ne lui confère, d'un point de vue historique, qu'une demi-légitimité [2], situation inconfortable s'il en est.

Dès lors, il semble particulièrement curieux que la construction européenne ait accordé une telle importance à la logique financière. C'est pourquoi nous consacrerons la fin de cette section à l'aventure européenne.

CONSTRUCTION EUROPÉENNE
ET MARCHÉS FINANCIERS

Nous avons vu que les marchés dérivés, apparus en Europe vers la fin des années 80, modifiaient les rapports de pouvoir en ce qui concerne la politique économique. Je voudrais avancer ici la thèse que ce fait a joué un rôle historique important dans la tournure qu'a prise la construction européenne à partir du début des années 90.

Pendant le demi-siècle qui s'est écoulé depuis que sont entrées en fonction les premières institutions européennes mises en place à l'instigation de Jean Monnet et de Robert Schuman, la construction européenne est caractérisée par le rôle actif de milieux dirigeants et par l'attitude réticente ou du moins peu concernée du grand public. De sorte que, dès la phase initiale, le problème pouvait être énoncé dans les termes suivants : *comment traduire dans les faits une*

---

1. Interrogés au début de 1996, 46 % des ménages français estimaient avoir mis de l'argent de côté en 1995 sous forme de placements financiers (enquête INSEE, janvier 1996).

2. Voir à ce sujet et selon des points de vue assez différents les livres de S. de Brunhoff, *L'Heure du marché*, PUF, 1986 et de J.-P. Fitoussi et P. Rosanvallon, *Le Nouvel Âge des inégalités*, Seuil, 1996.

volonté générale qui n'existe pas ? Cette situation absurde [1]
pouvait néanmoins changer dès lors que les modifications
des conditions de vie dues à la multiplication des échanges
économiques feraient évoluer les mentalités.

Il fallait donc commencer par des mesures économiques. Le traité de Rome est signé en 1957 instituant le
Marché commun ; le Système monétaire européen est créé
en 1979. Alors que des institutions étaient mises en place à
Bruxelles et à Strasbourg, que les normes industrielles
s'uniformisaient, que la circulation des produits et des
hommes se faisait plus libre, que des correspondances
apparaissaient entre diplômes professionnels, des difficultés sérieuses apparurent dans le domaine monétaire précisément. Depuis la création du SME, le cours du mark ne
cessait d'augmenter par rapport au franc qui fit l'objet de
six dévaluations. Il devenait progressivement évident que la
convergence des monnaies ne se ferait pas par le simple jeu
des marges de fluctuation du SME, sauf à harmoniser les
politiques économiques, elles-mêmes fortement liées aux
systèmes des prélèvements obligatoires, aux régimes de pré-
voyance et aux droits du travail, c'est-à-dire aux acquis
sociaux.

C'est ainsi qu'au début des années 90 on butait de nouveau sur un problème de volonté politique. Qu'en était-il de
l'évolution des mentalités ? Les peuples s'étaient-ils rappro-
chés ? Certainement. Mais la guerre menée par le IIIᵉ Reich
avait laissé des traces profondes. Une partie des Danois, des
Britanniques et des Français – y compris des intellectuels,
comme le débat sur la ratification du traité de l'Union l'a
révélé – supportaient mal la puissance de l'économie alle-
mande. Par ailleurs, le chômage s'était installé, engendrant
la précarité et favorisant un mouvement général de résur-
gence des valeurs locales, régionales, communautaristes,

---

1. À noter que la problématique du changement climatique dû à
l'effet de serre provoqué par les rejets de gaz dans l'atmosphère se pose
aujourd'hui exactement dans les mêmes termes.

tout à fait opposé à la volonté politique de construction européenne [1].

Dans ces conditions, *la logique financière* est apparue à une partie des décideurs comme le seul recours pour sauver l'Europe. La logique financière bénéficie de la relative légitimité des marchés dont nous venons de parler. Et elle s'appuie sur le fait *incontestable* qu'en régime de fluctuation des changes (et donc de choix dans l'incertain) la création d'une monnaie unique modifie les choix optimaux des acteurs économiques. Plus de la moitié des échanges internationaux sont encore actuellement libellés en dollars. Ainsi que nous l'avons expliqué à propos du *problème de la base monétaire*, le fait que les entreprises d'Europe, première puissance commerciale du monde, utilisent la même unité de compte, l'euro, contribue à fortifier leur solidarité et peut donc infléchir l'ordre économique mondial. Cela conduisit à la préparation du traité de l'Union. Pour adopter l'euro, les pays candidats devront respecter cinq critères qui concernent les fluctuations monétaires, l'inflation, le déficit budgétaire, la dette publique et les taux d'intérêt.

Il est hors de doute que l'évolution des institutions financières et la création des marchés dérivés avaient provoqué peu après 1986 une situation nouvelle. Il devenait impossible de mener la construction européenne en continuant à faire comme si les gouvernements étaient libres de conduire leurs politiques économiques. Il fallait même tenter de se servir de la dynamique de cette nouvelle répartition des pouvoirs pour pallier la carence d'une forte volonté populaire européenne. Cette stratégie apparaît dans le rapport du comité Delors (1989) qui projette un « système européen de banques centrales » et la convergence des politiques économiques pour parvenir à des parités fixes. Le sommet de Maastricht en décembre 1991 se prononce en faveur de la monnaie unique. Le traité de l'Union entre en

---

1. À quoi il convient d'ajouter l'incapacité, profondément significative, d'organiser une vie syndicale forte à l'échelon européen.

vigueur le 1ᵉʳ novembre 1993 et prévoit l'accès à l'indépendance des banques centrales, prélude à la création de la
Banque centrale européenne. C'est chose faite en janvier
1994 pour la Banque de France.

À ce jour, à l'automne 1997, cette stratégie pour
l'Europe semble sur la bonne voie. Mais l'importance du
rapprochement des peuples et de l'émergence d'une véritable solidarité européenne ne doit pas être sous-estimée,
même du strict point de vue économique.

XIV – *Risques et long terme*

L'agriculture dans les pays du tiers monde souffre chroniquement des *aléas du temps*. La sécheresse pénalise une année la production du sucre en Thaïlande, une autre le café en Côte-d'Ivoire, la suivante le coton au Mexique, etc. Lutter contre le hasard est épuisant, c'est à la longue contre le sentiment d'impuissance lui-même qu'il faut lutter. On perfectionne l'irrigation, on établit une gestion de l'eau plus appropriée aux exigences de la végétation suivant les phases de croissance, on lutte contre les parasites, les criquets, etc. Les années à peu près ordinaires on maintient par ces efforts une production que les camions vont emporter vers les usines, puis vers les cargos en partance pour les ports des pays acheteurs. Il faut fixer des prix pour les chargements. Les matières premières sont cotées, leurs transactions se font en fonction des prix du marché.

Là c'est un univers différent, où règne à nouveau le hasard, qui vient bouleverser les prévisions de recette des pays producteurs. Le sucre blanc coté à 430 dollars la tonne fin 1994 chute de 35 dollars en une semaine en janvier 1995, au gré d'une information et de mouvements de capitaux. Ce nouveau coup du hasard, si on tente de l'analyser, a une composante liée aux aléas de la production agricole avec une corrélation négative : les bonnes années en quantité deviennent des catastrophes pour les prix : une bonne récolte de maïs en 1994-1995 et son cours chute de 20 %. Évidemment, les cours subissent aussi des pulsions, purement boursières, qui sont la répercussion des autres marchés ou d'anticipations d'opérateurs.

Le double cisaillement de ces deux aléas compromet les économies de ces pays. La dette totale du monde en développement est passée de 1 810 milliards de dollars en 1993 à 1 930 milliards en 1994 et l'effort public moyen des pays du Comité d'aide au développement en faveur de ces pays a baissé durant le même temps de 0,31 % à 0,30 %.

La situation des petites entreprises européennes est assez homothétique, elles subissent une logique financière qui leur impose des fluctuations des cours et des taux. Pour elles cela est coûteux et privilégie le présent. Dans les marchés à terme, par le jeu des produits dérivés, une lecture de l'avenir est cotée au jour le jour. Le futur est ainsi projeté sur le présent où tout s'agite, sans effet d'inertie.

En mécanique, l'inertie est ce qui fait que les effets durent. La conduite de l'économie par les marchés financiers est semblable à celle d'un gros navire dans une mer démontée et que le timonier piloterait par télécommande d'une petite barque : les vaguelettes ont autant d'importance que la grande houle.

La question de l'*aménagement* des pouvoirs financiers se pose. Lors de l'opposition des deux blocs, l'idée d'une économie sans contrainte où s'expriment librement les forces du marché était une utopie porteuse d'espoir qui s'opposait à l'utopie marxiste. La période présente est différente et propice à une réflexion plus concrète et plus approfondie. Dans leurs modalités actuelles, les marchés prennent mal les décisions et ignorent les problèmes d'organisation de l'espace et de temps long. Un arbre met trente ans à pousser, un laboratoire de recherche met dix ans à devenir efficace...

CULTURE D'INGÉNIEUR ET CULTURE FINANCIÈRE

Il est une culture qui appréhende le risque et s'inscrit dans la durée : celle des ingénieurs. Elle a des caractéristiques très différentes de celles des financiers. En premier lieu, elle s'attache à penser ce qui se passe en cas de panne, de rupture et de sinistre et à y remédier. La fiabilité est essentielle : les choix et les pondérations qu'elle demande, la hiérarchisation des sécurités qu'elle nécessite, sont un souci primordial pour la gestion des équipements techniques et la production industrielle et constituent la grille principale d'analyse pour la conception des projets. En second lieu, les décisions techniques ne sont plus jamais prises comme les oukases de ceux qui détiennent « le savoir ». Les ingénieurs ont appris aujourd'hui que les décisions sont des actes collectifs qui s'élaborent par le dialogue et la concertation. Ces processus décisionnels, pour l'évolution d'une idée vers un projet puis sa réalisation, sont un travail de parturition difficile.

Les marchés, au contraire, apportent des aides dans une large mesure au gré de considérations mathématiques ou psychologiques aberrantes, et surtout détruisent brutalement sans se soucier des conséquences, parfois sans raison, par inadvertance.

Regardons ce qu'on fait lorsqu'on calcule un pont tels que ceux que nous empruntons quotidiennement. On étudie ce qu'on appelle son « état limite de service » et son « état limite ultime ». L'ingénieur doit procéder ainsi, c'est dans les règlements. Cela signifie que sa démarche est double.

1) Il dimensionne l'ouvrage de telle sorte que celui-ci ne s'endommage pas lorsqu'il est soumis au trafic. Il y aura un entretien à faire, mais, sur la durée pour laquelle il est projeté, les mouvements et les vibrations qui le solliciteront ne produiront aucune détérioration de ses propriétés mécaniques.

2) L'ingénieur étudie aussi ce qui va se passer en cas de ruine de l'ouvrage. Il est clair en effet qu'il reste toujours

– avec une faible probabilité – des événements qui vont au-delà de ce qu'on prévoit. Pour des raisons de coût et d'esthétique, on n'a pu couvrir que la majeure partie des risques et il subsiste encore des hasards non répertoriés. Dans des situations extrêmes, l'ouvrage va s'abîmer, se détériorer plus ou moins ; de quelle façon ? C'est ce qu'on demande à l'ingénieur d'étudier.

L'état limite de service correspond à ce que l'ouvrage peut endurer, ce sont les bornes à prendre en compte pour son dimensionnement ; au contraire, l'état limite ultime correspond à l'étude complète des modes d'endommagement qui le conduiront à la ruine.

La tour Eiffel a été construite en fer. Si elle avait été construite en fonte, comme c'était plus courant à l'époque, il est certain qu'on aurait été amené à la démonter. La fonte est un matériau dur, solide mais cassant, donc extrêmement dangereux. Le fer est plastique, de même que l'acier. Si l'état limite ultime d'un ouvrage en acier est bien étudié, lorsqu'une surcharge imprévue intervient, créant une contrainte supérieure à ce qu'il peut supporter pour retrouver son équilibre, l'ouvrage va se déformer progressivement, *en continuant à résister*, mais ne reprendra pas sa forme originale. Un tel ouvrage se tord sans se rompre. C'est ce qui se passe pour les ponts aujourd'hui et qu'on tente de faire pour les constructions antisismiques.

Les marchés, au contraire, sont comme des faisceaux de matériaux fragiles. Ils préviennent trop tard. Ils engendrent des décisions sans prise de responsabilité sur les dégâts, les états limites.

Le développement de la technicité financière depuis une vingtaine d'années, surtout depuis les années 80 en France, avec la sophistication des outils conceptuels dont nous avons parlé, s'est produit précisément durant la période où la place de l'ingénieur dans la société s'est transformée profondément. Que ce soit dans le domaine de la construction, du trafic ou de l'aménagement, les intérêts privés, les intérêts publics, les intérêts culturels et symboliques ne peuvent plus se définir les uns indépendamment des autres. Le temps où l'ingénieur exprimait un pouvoir régalien donné par la commande publique de l'État est révolu, même si certains en ont gardé la nostalgie. L'ingénieur dialogue avec les diverses parties prenantes. Il ne peut plus se draper dans la dignité de sa discipline et de sa spécialité. De plus en plus il écoute, il propose des traductions d'un langage dans un autre, il envisage diverses variantes, il exprime des contraintes et des objectifs.

Pouvons-nous penser que ces changements sont dus à l'économie plus libérale et moins planifiée dans laquelle nous vivons ? Il y a là, sans aucun doute, un facteur d'accélération mais il semble que, plus profondément, ce soient les prises de consciences répétées des problèmes d'environnement qui ont modifié les processus de décisions collectives, car ces questions présentent toujours des caractéristiques qui rendent les solutions brutales impossibles.

D'abord, elles sont comprises par les diverses catégories d'intervenants selon des rationalités irréductibles (dynamique économique et création d'emplois, perturbation de la nature, dégradation du patrimoine culturel, influences électorales de la répartition des populations, etc.).

Ensuite, la situation et son incertitude relèvent du « motif de croire » et non du calcul des probabilités, car elle est perçue comme unique dans l'histoire.

Enfin, l'effet de la décision aura des conséquences sur sa légitimité et son opportunité (le trafic induit par une voie nouvelle la justifie, etc.).

Ces caractéristiques des situations *complexes* sont aujourd'hui enseignées aux ingénieurs pour construire des modèles variés d'une même situation dans la perspective d'*expertises multiples* [1]. La pédagogie évolue, lentement, mais nettement. L'appréhension des situations complexes nécessite une nouvelle sagesse en cours d'émergence.

---

1. Voir B. Barraqué, « Une expertise différente pour les politiques en réseau », *Annales des Ponts et Chaussées*, n° 81, 1997.

Déjà les règlements prennent en compte les conséquences des décisions, on ne peut plus présenter un projet
sans *étude d'impact* destinée à faire apparaître autant que
possible des éventualités qu'on aurait pu omettre.

Le système typiquement français d'une multiplicité
d'écoles d'ingénieurs a l'inconvénient de petits établissements peu adaptés à l'échelle internationale, mais l'avantage d'une grande souplesse d'adaptation des formations
aux débouchés. La formation alternée y est devenue la
règle. En plus des enseignements selon la pédagogie classique, elle tente de faire prendre conscience aux élèves de la
complexité du social, par des stages sur le terrain et des
études de cas où ils perçoivent le bien-fondé des positions
contradictoires des divers acteurs et par des projets où ils
ont à acquérir des outils conceptuels et des langages techniques pour savoir dialoguer avec les termes des sciences
appliquées. Bien défendre un projet c'est savoir l'adapter, le
modifier et en faire le projet d'autres qui se l'approprient.
Les jeunes comprennent plutôt bien ces choses, comme s'ils
savaient que la création d'une dynamique économique qui
vivifie une région est un objectif si difficile qu'il mérite souplesse, dialogue et concessions, et que cette sensibilité aura
un rôle majeur dans l'avenir.

À cet égard, *la pensée technique financière apparaît
archaïque quant à ses rapports avec la société.* Elle développe
en circuit fermé un savoir spécialisé en prise directe sur le
pouvoir économique. *Les traders restent devant leurs écrans
et y font des coups.*

On peut penser que les problèmes d'environnement
sont un phénomène si profondément nouveau dans l'histoire de l'humanité que c'est vraisemblablement à leur sujet
que s'effectuera une transition culturelle vers des aménagements des pouvoirs et la limitation de l'irresponsabilité des
marchés financiers.

Conclusion

Le fait d'avoir abordé la finance par la voie des mathématiques nous confère un regard plus neuf et nous permet un discours plus libre. Les catégories habituelles prennent des raccourcis et tracent parfois des ornières dont la presse, par exemple, se sert trop abondamment. Cela vous a coûté l'effort d'une certaine technicité, mais j'espère aussi vous avoir fait connaître des idées que l'histoire a légitimées : soixante-dix ans après que Bachelier en eut jeté les bases, elles furent réinventées pour les besoins des salles des marchés.

Nous avons vu comment les mathématiques s'étaient appliquées à comprendre les jeux d'argent et de hasard, avec les notions de martingale mathématique, de mouvement brownien, avec celle d'intégrale pour représenter le bénéfice d'un spéculateur, préparant ainsi la rupture épistémologique des années 70. Cette approche, qui ne réduit pas les marchés à ce que certaines théories économiques voudraient qu'ils soient, met en évidence des liens forts et complexes entre la science et la spéculation.

À cet égard, il apparaît que le lieu habituel pour parler de la finance qui est l'économie financière est encombré de points de vue *a priori* et d'hypothèses explicites ou implicites qui masquent des aspects essentiels de la réalité. La spéculation est notamment confondue très souvent dans les manuels avec les prises de position à terme. Au contraire, je pense qu'une vue plus réaliste admet que la spéculation, avec ses dimensions économique, psychologique et mathématique, est devenue durant ce dernier quart du siècle une activité spécifique, fortement consommatrice d'informations et de traitement de l'information, avec des conséquences tout à fait observables sur les ressources des entreprises et sur les emplois tenus par les cadres supérieurs et leur formation.

Par ailleurs, les marchés financiers se sont profondément modifiés : les nouveaux produits échangés sont beaucoup plus variés et le volume de transactions a été fortement accru. La découverte de *la couverture exacte par suivi de marché* que nous avons commentée dans ce livre, et qui fait que les marchés jouent le rôle de compagnies d'assurances sans en avoir les contraintes ni les risques, a permis le développement rapide et mondial des marchés dérivés. Ainsi étendus et complexifiés, les marchés financiers fournissent à chaque instant un très grand nombre d'indicateurs sur les valeurs futures à diverses échéances des actifs cotés. Dans ce nouveau contexte, les transactions doivent tenir le plus grand compte du marché lui-même dans l'appréciation des risques et leur gestion. « Tenir compte » ne veut pas dire croire absolument aux indications des divers instruments du marché mais se déterminer en fonction d'eux. Une nouvelle rationalité de marché s'établit : les divers points de vue des agents se traduisent par diverses lois de probabilité sur l'évolution des cours ; un principe de relativité relie ces points de vues : il est impossible de savoir quel est le bon. Il n'y a pas de point de vue plus légitime que les autres. L'idée d'une loi de probabilité objective, vraie, est une abstraction de théorie économique. La rationalité des marchés financiers ne reconnaît pas d'objectivité aux notions de « fondamental » ou d'« efficience » et considère qu'elles relèvent d'une politique économique et de la lecture correspondante des faits de société.

Il serait excessif de dire pour autant que la seule réalité économique objective est le marché. Beaucoup d'acteurs étudient le fonctionnement des productions et des échanges, confrontent leurs interprétations et leurs croyances aux données, et construisent ainsi leurs fondamentaux. C'est utile et même indispensable tant au niveau de l'entreprise, qu'aux niveaux régional et national. Des instituts existent pour cela. Ce sont ces lectures qui, pour une part, font les prix, même si pratiquement on ne peut les séparer des spéculations dont nous avons parlé.

***

Ce déni de pertinence à toute approche *objective* qui aurait des prétentions prospectives différentes des indications des marchés a été la conséquence, comme nous l'avons expliqué, de l'entrée des produits dérivés sur les marchés organisés.

Il est intéressant d'établir un parallèle avec une philosophie qui présente des liens historiques avec les États-Unis et un renouveau d'audience actuellement, je veux parler du *pragmatisme*.

Ce courant, fondé par le philosophe et logicien C.S. Peirce (1839-1914) à qui l'on doit sa dénomination, a été popularisé par W. James (1842-1910) et J. Dewey (1859-1952). Après un certain déclin dans la période d'après guerre correspondant aux « Trente Glorieuses », où c'est plutôt le positivisme logique qui occupait le devant de la scène américaine, il a retrouvé un essor significatif avec H. Putnam et R. Rorty depuis les années 70 [1]. Selon Peirce, penser un objet n'est pas autre chose que concevoir tous les effets pratiques produits par lui. Sa philosophie résolument non contemplative s'intéresse à l'action et aux procédures de justification collectives plus qu'aux représentations par

---

1. Cf. K. Chatzis, « De Peirce à Rorty : un siècle de pragmatisme », *in* « Rationalité ou pragmatisme ? », *Annales des Ponts et Chaussées*, n° 75, 1995.

les consciences individuelles. La réalité objective n'est pas envisagée comme une instance autonome des croyances et démarches humaines. Avec James et Dewey s'explicite une conception instrumentaliste de l'intelligence et apparaît clairement le refus de la distinction entre faits et valeurs, donc entre science et éthique [1]. Des trois registres du langage dégagés par Peirce, le syntaxique relatif à la forme, le sémantique relatif à la référence, le pragmatique qui concerne la relation entre le locuteur et le récepteur, le troisième est le plus important, au point que le second perd son intérêt. Rorty se réclame à cet égard de l'héritage de Dewey et de Nietzsche pour « remplacer les questions théoriques habituelles par des questions pratiques [2] ». Il va jusqu'à dénier toute existence à un réel objectif, mais se défend néanmoins de tout relativisme [3] en donnant au processus d'obtention d'un accord intersubjectif une importance particulière. Il aboutit ainsi à une certaine valorisation de la science, non plus pour ses contenus, mais pour la qualité des modalités d'organisation de l'institution scientifique : « Les pragmatistes voudraient remplacer le désir de l'objectivité – le désir d'être en contact avec une réalité qui soit davantage que la communauté à laquelle nous nous identifions – par celui de la solidarité avec cette communauté. Ils pensent que l'habitude de compter sur la persuasion plutôt que sur la force, sur le respect des opinions de leurs confrères, la curiosité et la passion pour les données et les idées nouvelles, sont les *seules* vertus que possèdent les

---

1. Distinction que certains considèrent comme une caractéristique de la période moderne, d'où l'appellation de postmodernistes donnée parfois aux néo-pragmatistes.

2. R. Rorty, *Science et Solidarité, la vérité sans le pouvoir*, L'Éclat, 1990, p. 10.

3. « Il suffit d'assimiler l'objectivité à l'intersubjectivité pour être immédiatement accusé de relativisme », or « [le pragmatisme adopte] la vision ethnocentrique qu'il n'y a rien à dire sur la vérité ou la rationalité si ce n'est le tableau pouvant être réalisé des procédures familières de justification qu'une société donnée – la nôtre – met en œuvre dans un domaine déterminé de recherche » (R. Rorty, *op. cit.*, p. 51).

hommes de science. Ils ne pensent pas qu'existe une vertu intellectuelle, baptisée " rationalité ", supérieure à ces qualités morales. [...] En revanche il existe un grand nombre de raisons d'apprécier les institutions qu'ils ont développées et au sein desquelles s'effectue leur travail et d'en faire des modèles pour le reste de la culture [1]. »

Quelles sont donc les caractéristiques essentielles du fonctionnement de l'institution scientifique propres à en faire la référence ultime d'une philosophie qui se veut sans illusions ou du moins sans naïveté ?

Quoique les expériences et les observations jouent un rôle important dans les sciences de la nature, ce n'est pas par l'intermédiaire des dispositifs expérimentaux que se font les échanges et la sélection des idées. Le mécanisme central de l'institution scientifique est la publication dans les revues utilisant des scientifiques pour l'expertise anonyme ou *referees*. Un nombre considérable d'articles est ainsi proposé et vient trouver sa place après modifications éventuelles dans une revue plus ou moins prestigieuse. Il est crucial dans ce système que l'expert puisse se prononcer librement parce que *le secret* le préserve de toutes les conséquences négatives ou positives de l'avis qu'il donne. En fait, son jugement est un jugement d'intérêt, donc subjectif, et son niveau d'exigence dépend du prestige de la revue concernée. L'article refusé sera présenté à une revue moins en vue. De façon tout à fait pragmatique d'ailleurs, le périodique *Current Contents* élabore une hiérarchie des revues par un procédé itératif : les bons auteurs sont les plus cités, ce qu'on peut évaluer par le *Science Citation Index* et les

---

1. R. Rorty, *op. cit.*, et il poursuit : « Ainsi, les institutions et les pratiques qui rassemblent les diverses communautés scientifiques peuvent être tenues pour une source de suggestions relatives à la manière dont le reste de la culture pourrait s'organiser à son tour. Lorsque nos assemblées législatives nous paraissent " non représentatives ", " dominées par des intérêts particuliers ", ou le monde de l'art dominé par la " mode ", nous confrontons ces secteurs de la culture avec d'autres qui nous semblent fonctionner de façon plus satisfaisante. Les sciences de la nature nous semblent être dans ce cas » (p. 55).

bonnes revues sont celles où sont publiés les bons auteurs. Certes, ce système ne va pas sans difficultés et contestations mais elles restent anecdotiques en considération du nombre colossal d'articles publiés [1].

On ne peut manquer d'être frappé par un parallèle saisissant entre les trois institutions actuelles dont la légitimité a une force suffisante pour instaurer un pouvoir historique actuellement reconnu. Je veux parler *des marchés financiers*, de *la démocratie* et de *la science*. Elles présentent deux caractéristiques communes : l'une est abstraite qui est *l'universalité* au moins comme état limite dont on se rapproche plus ou moins ; l'autre est concrète qui est de posséder *un mécanisme d'échappement*, au sens que l'horlogerie donne à ce terme, qui permet à une décision d'être prise sans que sa responsabilité puisse inquiéter le sujet décidant.

Pour ce qui concerne la science, en effet, s'il n'est pas toujours facile de séparer connaissance et sujet connaissant, du moins est-ce là une préoccupation permanente de l'activité scientifique, et le principal moyen a-t-il été de soumettre les productions à une expertise indépendante. Ainsi Archimède sollicitait-il l'avis des experts d'Alexandrie, ainsi aujourd'hui les revues requièrent-elles l'opinion de *referees* anonymes.

Nous ne nous étendrons pas sur l'universalisme de la démocratie ni sur les modalités des représentations et des scrutins. Elle présente des variantes et des systèmes très élaborés de responsabilité graduelle façonnés par l'histoire [2].

En ce qui concerne, enfin, les marchés financiers, nous avons vu qu'ils présentent à bien des égards les caractéristiques de marchés purs et parfaits sur lesquels le prix est le

---

1. Qui croît actuellement selon une multiplication par 2,5 tous les 10 ans environ.

2. Quoiqu'il s'agisse d'un régime qui n'était pas à proprement parler démocratique, il est intéressant de noter qu'à Venise, première puissance maritime au xive et xve siècles, le pouvoir était détenu par les doges qui participaient aux assemblées *masqués*.

motif des décisions indépendamment des relations symboliques qui s'attachent d'ordinaire aux transactions. C'est incontestablement une vertu aux yeux des libéraux. Quant au mécanisme d'échappement, il réside dans l'innocence de tout opérateur, fût-il spéculateur, quelles que soient les conséquences économiques des mouvements qu'il décide.

À ces trois légitimités qui marquent le monde contemporain on ne voit, à ce jour, aucun substitut crédible. La vraie question est de savoir si l'on peut, et si oui suivant quelles voies, modifier, assagir et perfectionner ces institutions, de sorte qu'on puisse faire face aux problèmes d'environnement et d'avenir de la planète, tout en préservant l'acquis de civilisation qu'elles représentent.

En ce qui concerne la science, il va bien falloir trouver moyen de prendre en compte le fait qu'elle est souvent dangereuse pour l'environnement. Peut-elle continuer à engendrer des productions techniques sans précaution comme elle a fait durant le xxe siècle?

La démocratie rencontre des difficultés nouvelles. Elle ne progresse pas dans le monde comme on aurait pu le croire. Et nous observons dans les pays riches que ses modalités actuelles ne donnent pas les moyens véritables aux hommes politiques d'imposer aux populations les efforts qui seraient nécessaires pour que les générations futures ne soient pas confrontées à des changements climatiques et des pollutions que nous savons dès aujourd'hui tout à fait préoccupants.

Quant à la finance, sa force brutale paraît bien être la plus archaïque des trois, dans ses façons de régler les problèmes à l'aveuglette par des joueurs coupés du monde. Sa conduite de l'économie par les mécanismes des marchés que nous avons vus équivaut à un suffrage censitaire fonction de la fortune de chacun. Cela pose dans chaque pays riche un problème grave et non résolu de redistribution des ressources, et cela induit au niveau mondial des comportements égoïstes, voire désespérés, peu compatibles avec la gestion de l'environnement [1]. À cet égard, les mesures envisagées par le Fonds monétaire international pour que l'affaissement d'un pays comme le Mexique, à la suite d'une crise de confiance des marchés financiers, ne se renouvelle pas relèvent d'une logique différente. Il ne s'agit pas de positions économiques et financières idéalistes : on recherche les conditions de comportements coopératifs. Espérons qu'il y a là le signe d'un début de prise de conscience.

---

1. Les négociations autour des problèmes de changements climatiques montrent actuellement une scène internationale en situation dangereuse de jeu non coopératif où les États-Unis ne sont apparemment pas disposés à perdre le moindre élément de confort matériel et où les pays en développement à fortes réserves énergétiques fossiles considèrent qu'ils n'ont pas à pâtir des excès d'émission de gaz carbonique des pays riches qui sont la raison de leur richesse.

Glossaire

Arbitrage. Terme signifiant dans le domaine financier « opération bénéficiaire sans risque ». Par extension, compte tenu de la complexité de l'analyse de risque en situations réelles, arbitrage est souvent employé dans le sens « profit avec peu de risque ».

Des instruments financiers qui ont les mêmes caractéristiques doivent être négociés au même prix, si ce n'est pas le cas un profit sans risque peut être réalisé. L'arbitrage est l'identification et l'exploitation de telles anomalies. On rencontre le terme notamment dans les expressions *no arbitrage opportunity* (aucune occasion d'arbitrage) ou *arbitrage free price* (prix empêchant tout profit sans risque). Le réemploi des termes anglo-saxons d'origine française est toujours amusant. Ici le passage du terme français « arbitrage », procédure amiable de règlement d'un litige que l'on nomme *arbitration* en anglais, au terme anglais *arbitrage*, lequel n'est pas juridique mais financier et désigne la réalisation d'un profit, nous fait penser immanquablement à la fable des deux plaideurs où c'est l'arbitre qui profite, et cette connotation n'apparaît pas aux anglophones.

À partir des années 70, les opérateurs sur les marchés financiers tirent les conséquences d'une façon de raisonner qui exploite davantage la référence au marché lui-même. Pour l'évaluation des options (*option pricing*) et pour leur couverture (*option hedging*), un seul prix d'option est tel qu'il supprime toute occasion d'arbitrage tant pour la banque que pour le client. Et cela fournit la composition d'un portefeuille permettant la couverture exacte. Cet argument que le bon prix et la couverture résultent de l'absence d'occasion d'arbitrage est général. Il va bien au-delà du modèle de Black-Scholes, même si, dans certains modèles (sous-jacent avec sauts, marchés incomplets, etc.), cet argument ne suffit pas à fournir un prix unique, la couverture exacte n'étant plus possible.

Bachelier Louis (1870-1946). Né au Havre, il enseigna les mathématiques à Dijon, Rennes puis Besançon. Sa thèse *Théorie de la spéculation* (1900) et son mémoire *Théorie mathématique du jeu* (1901) publiés dans les Annales de l'École normale sont des travaux pionniers à la fois pour les mathématiques financières et pour la théorie des processus aléatoires en temps continu. Ils sont développés dans son traité *Calcul des probabilités* (1912). Par le traitement de ce qu'il appelle *le rayonnement de la probabilité*, il peut être considéré comme le fondateur de la théorie mathématique du *mouvement brownien* et un précurseur de celle des processus de Markov à temps continu.

Black F. et Scholes M. Auteurs d'un article (Black et Scholes, 1973) sur l'évaluation des options devenu la marque historique des nouvelles méthodes financières. En fait, ce travail se situe évidemment dans un courant de pensée parmi les contributions de bien d'autres auteurs (voir les commentaires historiques de Merton, 1990, et de Malliaris et Brock, 1982). *Le modèle* qu'ils ont introduit est le plus simple de la théorie et le plus utilisé (voir modèle de Black et Scholes). Cette découverte leur valut le prix Nobel d'économie ainsi qu'à R. C. Merton en 1997.

Call. Option d'achat. Contrat à terme donnant à son détenteur le droit mais non l'obligation d'acheter un actif à un prix fixé au départ appelé prix d'exercice. Si ce droit ne peut s'exercer qu'à l'échéance T (en général 3 mois, 6 mois... plus tard), le call est dit européen ; si on peut exercer ce droit quand on veut avant la date T, le call est dit américain.

De même pour une option de vente on parle de put européen ou de put américain.

Coûts de transaction. Vendre un actif sur un marché organisé et le racheter alors que son cours n'a pas varié présente un coût, faible, mais dont on doit tenir compte. Ces différences entre prix d'achat et prix de vente sont ce qu'on désigne le plus souvent lorsqu'on parle de coûts de transaction. On distingue le prix *ask*, qui est le prix minimum auquel un opérateur ou un gestionnaire de marché est disposé à vendre un contrat, et un prix *bid* auquel il est disposé à acheter ce contrat prix qui est légèrement inférieur.

Cox-Ross-Rubinstein (1979). Ces auteurs ont développé une approche élémentaire à temps discret du modèle de Black-Scholes. L'intérêt en est non seulement pédagogique mais algorithmique. Toutes les simulations et méthodes numériques sont fondées sur des discrétisations du temps.

Efficience. Pour un marché son efficacité. Elle peut être étudiée en référence soit à la faculté d'empêcher l'apparition d'occasions de profits sans risque soit à la capacité de signaler le bon prix économique.

Espérance conditionnelle. Dans une situation aléatoire, on peut considérer l'espérance d'une grandeur, mais on peut aussi considérer son espérance en supposant que tel événement s'est produit ou qu'une autre grandeur a pris telle valeur. Il s'agit alors d'espérance conditionnelle. Par exemple, si l'espérance de vie est de 70 ans, on peut considérer l'espérance de vie sachant qu'on a atteint 60 ans ou encore l'espérance de vie sachant qu'on a atteint 80 ans.

Cette notion a été rigoureusement définie par Kolmogorov, elle est la meilleure estimée au sens des moindres carrés et intervient dans la définition des martingales mathématiques (voir Martingale).

Exercice. Le « prix d'exercice » est le seuil à partir duquel le détenteur d'un call a intérêt à faire valoir le droit que lui donne l'option (voir Call). La « date d'exercice » d'une option est prédéterminée pour une option européenne, libre avant une date fixe pour une option américaine.

Fondamental. Se dit tantôt du cours tel qu'il serait s'il n'était pas brouillé par l'agitation du marché, tantôt du cours tel qu'il serait si la réalité économique était exprimée par le marché. Dans un cas comme dans l'autre cette notion est problématique. La logique de marché autorise chaque acteur économique à lui donner un contenu particulier, ce qui en fait une notion subjective. Cela ne veut pas dire qu'elle soit inutile...

Future. Contrat à terme d'achat ou de vente d'un actif à une date future pour un prix fixé au départ. Il s'agit donc d'une classe de produits dérivés. Les futures sont régis par des conditions spécifiées (dates, unités, appels de marge, etc.).

Gestion des options. Lorsqu'un banquier vend une option à un client, la somme qu'il aura à verser à l'échéance est aléatoire puisqu'elle dépend de l'évolution (inconnue) du sous-jacent. Néanmoins, il lui est possible de constituer un *portefeuille de couverture* qui, convenablement géré, lui permettra de disposer exactement de la somme demandée (aux erreurs de modèle et de discrétisation près). Le principe est donc différent de celui qui régit une compagnie d'assurances. Le banquier équilibre son opération avec chaque client sur chaque sous-jacent.

Pour les options européennes, dans les modèles apparentés au modèle de Black et Scholes, si S (t) est le cours du sous-jacent, la théorie fournit la valeur F (t, S (t)) du porte-feuille de couverture et sa composition. La fonction F (t, x) est solution d'une équation aux dérivées partielles avec la donnée imposée F (T, x) ou T est l'échéance de l'option. Dans le cas d'un call (option d'achat), F (T, x) vaut x – K si x > K et vaut 0 sinon où K est la valeur d'exercice de l'option.

Pour gérer le portefeuille on utilise pour divers usages les dérivées partielles de F :

le *delta* $\frac{\partial F}{\partial x}$ (t, S(t))

le *gamma* $\frac{\partial^2 F}{\partial x^2}$ (t,S(t))

le *théta* $\frac{\partial F}{\partial t}$ (t, S(t))

et la *véga* $\frac{\partial F}{\partial \sigma}$ (t, S(t))

où σ est la volatilité du sous-jacent.

On dit qu'une option est couverte en *delta neutre* si le portefeuille de couverture contient une quantité d'actif sous-jacent telle que la position est insensible aux petites variations du marché.

Les options américaines peuvent être couvertes également. Leur théorie relève des inéquations aux dérivées partielles.

Si le sous-jacent présente des sauts, on a besoin d'une classe de modèles plus large où seule une couverture approchée est possible. Une évaluation et une meilleure couverture peuvent néanmoins être calculées.

Hors de l'argent (out of the money). Si le prix d'exercice d'un call ou d'un put est proche de la valeur de l'actif sous-jacent ou plus généralement si la zone active d'une option contient la valeur de l'actif sous-jacent, on dit qu'on est *dans l'argent (in the money)*. Si au contraire sa zone active est loin au-dessus ou loin au-dessous des valeurs actuelles du sous-jacent, on est *out of the money*. De telles options sont plus délicates à gérer car elles concernent des événements rares dont la probabilité est par conséquent mal connue.

Hypothèses gaussiennes. Les grandeurs aléatoires vectorielles (multivariées, comme on dit en statistiques), qui suivent une loi de Laplace-Gauss ou loi normale, ont une variance et des covariances (en fait des moments de tous ordres) et conservent ce type de loi lorsqu'elles subissent des transformations linéaires. Les processus aléatoires dont les marginales sont des lois normales conservent donc cette propriété par tous les traitements linéaires qu'on leur applique. Il en résulte que ces hypothèses permettent l'usage de méthodes très élaborées en statistiques, en économie (séries temporelles), en traitement du signal (filtrage de Wiener) et en calcul d'ouvrages sous sollicitations aléatoires.

Intégrale de Wiener. Supposons comme Bachelier que le cours d'un actif soit un mouvement brownien $B(t)$. Quel est le bénéfice algébrique que l'on tire d'un portefeuille qui, par des achats et des ventes, est constitué d'une quantité $f(t)$ d'actif quand t varie de 0 à T? C'est la limite de la somme des bénéfices faits sur chaque petite période :

$f(0) (B(h) - B(0)) + f(h) (B(2h) - B(h)) + f(2h) (B(3h) - B(2h)) + ...$

Cette limite est une intégrale. C'est l'intégrale de Wiener de f par rapport au mouvement brownien sur l'intervalle [0, T]. On la note

$$\int_0^T f(t) \, dB_t$$

Intégrale d'Ito. Elle étend l'intégrale de Wiener au cas où la fonction f dépend de l'évolution du cours de l'actif d'une façon telle que la valeur $f(t)$ ne dépend pas des valeurs du cours après l'instant t. On dit que f est non anticipante. Cette intégrale d'Ito peut être définie avec des processus plus généraux que le mouvement brownien, les semi-martingales, et permet le développement d'un calcul différentiel dont les règles particulières constituent le *calcul d'Ito*. On peut dans ce cadre poser et résoudre des équations différentielles dont les solutions sont des processus aléatoires. Dans le modèle de Black et Scholes, le cours de l'actif S_t est modélisé par la solution d'une telle équation :

$$dS_t = \sigma S_t \, dB_t + \mu S_t \, dt.$$

Liquidité d'un actif financier dans un marché. Elle désigne la possibilité d'acheter ou de vendre un grand nombre d'unités sur une courte période sans affecter de façon significative le prix de l'actif.

Marchés organisés. Marché où sont échangés des produits standardisés. Une *chambre de compensation* y veille à la bonne fin des opérations conclues et se porte contrepartie de chaque transaction. Il est soumis à une autorité de marché. Les principaux marchés organisés sont les suivants :

BBF (Bolsa Brasileira de futuros, http://www.embratel.net.br)

BELFOX (Belgian Futures & Options Exchange, http://www.belfox.be)

CBOT (Chicago Board Of Trade, http://www.cbot.com)

CME (Chigago Mercantile Exchange, http://www.cme.com)

DTB (Deutsche Börse Group, http://www.exchange.de)

HKFE (Hong Kong Futures Exchange, http://hkfe.com)

ISE (Italian Stock Exchange Council, http://www.borsaitalia.it)

LIFFE (London International Financial Futures and Options Exchange, http://www.liffe.com)

MATIF (Marché A Terme International de France, http://www.matif.fr)

MEFF (MEFF Renta Fija, http://www.meff.es)
SBF (Société des Bourses Françaises, MONEP, http://www.bourse-de-paris.fr)
SFE (Sydney Futures Exchange, http://www.sfe.com.au)
SIMEX (Singapore International Monetary Exchange, http://www.simex.com.sg)
SWX (Suisse, http://www.bourse.ch)
TIFFE (Tokyo International Financial Futures Exchange, http://tiffe.or.jp)
TSE (Tokyo Stock Exchange, http://www.tse.or.jp).

Martingale. Dans le vocabulaire des joueurs, « secret pour gagner ». En mathématiques, processus M (t) à valeurs dans un espace vectoriel (les nombres réels le plus souvent) dépendant du temps tel que la valeur M (t) soit la meilleure estimée de M (t + h), sachant l'information disponible à l'instant t. C'est la représentation d'un jeu de hasard équilibré. Les martingales vérifient d'importantes inégalités.

Le mouvement brownien *centré* est une martingale.

MATIF. Créé en février 1986, sous l'appellation de marché à terme des instruments financiers, maintenant Marché à terme international de France, exemple de marché organisé où peuvent être achetés ou vendus les nouveaux produits financiers, contrats négociables et produits dérivés (voir Internet http://www.matif.fr).

Méthode de Monte Carlo. Méthode de calcul numérique fondée sur l'utilisation de tirages aléatoires produits par un ordinateur. Cette méthode est utilisée en mathématiques financières dans les cas où l'on ne dispose pas de formule explicite pour l'évaluation ou la couverture des options.

Modèle de Black et Scholes (1973). Ce modèle est le plus simple de la théorie de la couverture des options. L'actif est modélisé comme le processus aléatoire S_t solution de l'équation

$$dS_t = \sigma S_t\, dB_t + \mu S_t\, dt$$

où B_t est un mouvement brownien. Les paramètres du modèle sont les constantes suivantes :

σ = volatilité de l'actif S
μ = coefficient de dérive
r = taux des placements sans risque.

En fait, le coefficient μ n'intervient pas dans les calculs. L'évaluation d'une option, par exemple une option d'achat (call) de valeur d'exercice K et d'échéance T, fait l'objet d'un calcul explicite; on trouve que l'intégrale stochastique qui simule l'option

$$k + \int_0^t H(s)\, dS_s$$

vaut ici

$$C(S_t,\, t)$$

où la fonction $C(x, t)$ est solution d'une équation aux dérivées partielles du second ordre qui a dans le cas du call une solution explicite et qu'on sait résoudre numériquement sinon. La déduction des formules d'évaluation et de celle qui indique comment doit être composé le portefeuille de couverture peut se faire de diverses façons. La plus lumineuse mathématiquement est celle qui utilise le calcul stochastique d'Ito mais on peut aussi les obtenir de façon élémentaire en considérant que le temps est composé d'une suite discrète d'instants. Cette voie très naturelle est celle suivie par Bachelier pour établir ses « équations du rayonnement de la probabilité »; elle revient ici à approcher le mouvement brownien par une marche aléatoire.

Moment. Si une variable aléatoire X a pour loi la probabilité P, l'espérance de la puissance n-ième de X s'appelle le *moment d'ordre* n *de* P. Le moment d'ordre 1 est *l'espérance*. Le moment d'ordre 2 centré est la *variance*. Le terme de moment vient de la mécanique, une probabilité sur R peut être pensée comme une barre matérielle, la position du centre de gravité est alors l'espérance, et le moment d'inertie par rapport au centre de gravité est la variance.

Mouvement brownien. Tiré du nom du botaniste Robert Brown qui observa le mouvement désordonné de petites particules dans les liquides, l'expression désigne le plus souvent aujourd'hui *le processus aléatoire du mouvement brownien* qui est une fonction aléatoire dont la définition mathématique est précise et qui tient une place centrale en théorie des probabilités. Elle est reliée à d'autres théories telles que la propagation de la chaleur ou l'électrostatique. Modéliser un cours de bourse par un mouvement brownien, comme le proposa L. Bachelier, entraîne que la valeur instantanée du cours suit une loi de Gauss centrée. Cette hypothèse a été modifiée aujourd'hui en conservant l'idée (voir Modèle de Black et Scholes). À partir du mouvement brownien, une grande variété d'autres processus aléatoires peuvent être définis qui relèvent des mêmes principes de calcul différentiel : *le calcul d'Ito*.

Moyenne mobile. Moyenne des valeurs prises par le cours durant le dernier mois (ou semaine, etc.). La moyenne mobile varie plus régulièrement que le cours. Ce procédé est utilisé en télécommunication ou en traitement d'image pour filtrer les signaux. Au demeurant, on peut montrer que la moyenne mobile d'un processus du genre du mouvement brownien ne renseigne en rien sur son évolution future.

Option (voir Call et Put). Instrument offrant à son détenteur le droit, mais non l'obligation, d'acheter (cas d'un call) ou de vendre (cas d'un put) un actif sous-jacent à une date et un prix fixés à l'avance, moyennant le paiement d'une prime.

Option américaine. Option pouvant être exercée à tout instant jusqu'à sa date limite.

Option européenne. Option ne pouvant être exercée qu'à son échéance.

Options (classification). De même qu'en mathématiques on distingue souvent les fonctions et les fonctionnelles qui sont des fonctions de fonctions, on peut distinguer :

a) *les options-fonctions* qui sont des contrats contingents dont la définition fait intervenir une certaine fonction de la valeur du sous-jacent à l'échéance. Sont de ce type les calls et les puts et leurs combinaisons (straddle, strangle, butterfly, bull spread, bear spread, etc.), ainsi que les options digitales qui sont définies par une fonction en saut unité (fonction de Heavyside) ;

b) *les options fonctionnelles* dont la définition fait intervenir une fonctionnelle de la trajectoire du sous-jacent depuis l'instant initial jusqu'à l'échéance. Sont de ce type les options à barrières (call cap, put cap, knockout option, etc.), les options asiatiques (qui font intervenir la moyenne temporelle du sous-jacent), les options lookback (qui font intervenir le maximum et le minimum atteint par le sous-jacent durant la période) ;

c) *les autres produits contingents*. Sur le marché du gré à gré, on rencontre des produits sur mesure. Parmi lesquels on peut citer les options américaines non standard (qu'on ne peut pas exercer complètement librement durant la période), les forward start options dont la période débute à une date future, les options sur l'échange de deux actifs, les options sur plusieurs actifs, etc.

Sur ces options plus ou moins exotiques on pourra consulter Hull (1993).

Processus. Les termes de processus aléatoire et processus stochastique sont synonymes. Ils désignent une fonction aléatoire. Mathématiquement ce n'est pas autre chose qu'une variable aléatoire qui prend ses valeurs dans un espace fonctionnel. Il en résulte que *la loi* d'un processus est une mesure de probabilité sur un espace fonctionnel. La loi du mouvement brownien s'appelle la *mesure de Wiener*.

Produit dérivé. Instrument dont la valeur dépend de l'évolution d'un ou de plusieurs autres actifs appelés sous-jacents. En anglais, *derivative security* ou *contingent claim*.

Put. Option de vente, voir Call.

Semi-martingale. Les semi-martingales sont des processus plus généraux que les martingales avec lesquels on peut développer la théorie de l'intégration stochastique (calcul d'Ito) et qui servent à modéliser les cours. Comme la notion de martingale, cette notion est relative à une certaine information, celle qui se dégage progressivement du processus lui-même ou bien celle qui se dégage du processus et d'autres processus.

Sorcière. Illusion stochastique. Souvent les joueurs croient voir des anges qui ne sont que des sorcières. Par exemple la croyance que, si la moyenne mobile du cours est ascendante et le cours est plus bas que la moyenne mobile, la tendance est à la hausse.

Sous-jacent. Se dit de l'actif sur l'évolution duquel porte une option ou un contrat à terme.

Swap. Lorsqu'une banque accorde un prêt, elle a le risque de ne pas être remboursée (risque de crédit) et le risque de taux qui vient du fait que ses passifs ne sont pas rémunérés par elle aux mêmes conditions que ses actifs. Par exemple, si le prêt est à taux fixe et que la banque emprunte à taux variable. Pour se couvrir contre le risque de taux, la banque peut utiliser un swap de taux d'intérêt qui est une opération équivalente à la réalisation avec la même contrepartie d'un prêt et d'un emprunt d'un même montant l'un à taux fixe, l'autre à taux variable. Dans le cas de la gestion de la trésorerie d'une entreprise, un tel swap fait partie de ce qu'on appelle les opérations hors bilan de même que les futures ou les options sur taux.

Variance. Si X est une variable aléatoire, sa variance est $E[(X - EX)^2]$. Cela vaut aussi $E(X^2) - (EX)^2$. C'est le moment d'inertie par rapport au centre de gravité d'une tige dont la masse est répartie selon la loi de X. La racine carrée de la variance est l'*écart type*. Pour le mouvement brownien, la variance de B (t) est égale à la variation quadratique de 0 à t (voir ci-après) et vaut t.

Variation quadratique. Pour un processus, c'est la somme des carrés des accroissements selon un partage du temps de plus en plus fin. Pour une semi-martingale S (t), elle existe et est notée $[S, S]_t$. On peut en tirer une des définitions de la volatilité de S (t) à l'instant t.

Volatilité. Agitation relative d'un actif. Cette notion peut être abordée de diverses façons. Du point de vue empirique, sur une trajectoire soit à partir d'estimateurs de la variance, soit à partir de la variation quadratique. Du point de vue de la gestion de portefeuille, pour la couverture de produits dérivés, elle peut être soit un paramètre du modèle permettant l'évaluation obtenue de façon empirique sur le sous-jacent, soit conséquence du prix de marché du produit dérivé dont on s'occupe, la famille de modèle étant fixée. Dans ce dernier cas, on parle de volatilité implicite (implied volatility). Comme un taux d'intérêt, une volatilité s'exprime par rapport à une unité de temps, généralement l'année. Sur le marché des devises fortes, des volatilités de 5 à 10 % sont courantes. Des volatilités de 15 % à 30 % et même 100 % et plus se rencontrent sur certains produits.

Ce terme ne désigne pas la mobilité internationale des capitaux.

Bibliographie

M. Aglietta, *Macroéconomie financière*, La Découverte, Repères, 1995.

D. Arnould, *Les Marchés de capitaux en France*, Armand Colin, 1995.

K. J. Arrow et G. Debreu, « Existence of an equilibrium for a competitive economy », *Econometrica*, 22, 1954.

P. Artus, *Anomalies sur les marchés financiers*, Économica, 1995.

L. Bachelier, « Théorie de la spéculation, théorie mathématique du jeu », *Ann. Sc. École normale sup.* 3e s., t. 17, 1900; réimpr. Éd. Jacques Gabay, 1995; *Calcul des probabilités*, Gauthier-Villars, 1912; réimpr. Éd. Jacques Gabay, 1992.

Th. Béchu et E. Bertrand, *L'Analyse technique, pratiques et méthodes*, Économica, 1995.

A. Bensoussan, « On the theory of option pricing », *Acta Applic. Math.*, 2, 1984.

P. Bernstein, *Des idées capitales*, PUF, 1995.

F. Black et M. Scholes, « The pricing of options and corporate liabilities », *J. of Political Economy*, 3, 1973.

Ch. de Boissieu, « États-nations et marchés », *Le Monde*, 4 juillet 1996.

Ch. de Boissieu et D. Lebègue, *Monnaie unique européenne, système monétaire international : vers quelles ambitions ?*, PUF, 1991.

Ch. de Boissieu (président) et L. Matray (rapporteur), *Prospective financière : banques, assurances, marchés*, rapport du groupe

Prospective financière et bancaire, Com. gén. au Plan, La Doc. française, 1992.

N. Bouleau, « Éthique et finance », *Libération*, 23 mai 1995.

N. Bouleau et D. Lamberton, « Residual risks and hedging strategies in Markovian markets », *Stoch. Proc. and Applic.*, 33, 1989.

N. Bouleau et B. Walliser, « Fuite en avant », *Le Monde des débats*, juillet-août 1994.

P. Bourdieu, *Raisons pratiques, sur la théorie de l'action*, Seuil, 1994.

H. Bourguinat, *La Tyrannie des marchés, essai sur l'économie virtuelle*, Économica, 1995 ; « Les excès des marchés », *Le Monde des débats*, juin 1994.

M. Brahmbhatt et U. Dadush, « Prévoir les renversements des flux de capitaux », *Finance et Développement*, 32, n° 4, décembre 1995.

S. de Brunhoff, *L'Heure du marché, critique du libéralisme*, PUF, 1986.

H. de Carmoy, *La Banque au xxie siècle*, Odile Jacob, 1995.

B. Cassen, « La cohésion sociale sacrifiée à la monnaie », *Le Monde diplomatique*, juin, 1995.

Ph. Chalmin (ss dir. de), *Marchés mondiaux 1986-1996, dix ans qui ébranlèrent le monde*, Économica, 1996.

J.-P. Charié, *Un enjeu de société : vers une concurrence libre et loyale*, t. I et II, Rapport n° 836, Assemblée nationale, 1993.

F. Chesnais, *La Mondialisation du capital*, Syros, 1994 ; (ss dir. de), *La mondialisation financière*, Syros, 1996.

C. Crouch et W. Steeck (ss dir. de), *Les Capitalismes en Europe*, La Découverte, 1996.

R.-A. Dana et M. JeanBlanc-Picqué, *Marchés financiers en temps continu, valorisation et équilibre*, Économica, 1994.

H. Defalvard et R. Frydman (ss dir. de), *Formes et sciences du marché*, L'Harmattan, 1992.

P. Dembinski et A. Schœnenberger, *Marchés financiers : une vocation trahie ?*, FPH, septembre 1993.

P. Devolder, *Finance stochastique*, Éd. de l'Université de Bruxelles, 1993.

D. Duffie, *Futures markets*, Prentice-Hall, 1989.

B. Dumas et B. Allaz, *Les Titres financiers : équilibres du marché et méthodes d'évaluation*, PUF, 1995.

J.-P. Dupuy, *Le Sacrifice et l'envie, le libéralisme aux prises avec la justice sociale*, Calmann-Lévy, 1992; « Les bases de la théorie économique sont fausses », exposé au débat « À quoi sert la science économique », ENPC, 1994, *Lettre de l'AFSE*, juillet 1994.

I. Ekeland, *Le Chaos*, Flammarion, Dominos, 1995.

N. El Karoui, « Modèles de diffusion et introduction aux marchés financiers », cours de l'Éc. polytechnique, 1993; *Modèles stochastiques en finance*, cours de DEA 1994-95, Université P. et M. Curie.

N. El Karoui et M. Jeanblanc-Picqué, « On the robustess of Black-Scholes formula », Lab. Probabilités Univ. Paris-VI, 1994.

J.-P. Fitoussi, *Le Débat interdit, monnaie, Europe, pauvreté*, Arléa, 1995; « Après l'écroulement du communisme existe-t-il encore une troisième voie? », in *Les Capitalismes en Europe*, ss dir. C. Crouch et W. Streeck, La Découverte, 1996.

FMI, « Les banques et les marchés de produits dérivés, un défi pour la politique financière », *Bulletin du Fonds monétaire international*, 28 février 1994.

H. Föllmer et D. Sondermann, « Hedging of non redundant contingent claim », 1986 et « Hedging of contingent claim under incomplete information », in *Applied Stochastic Analysis*, Davis et Elliott eds, Gordon and Breach, 1990.

D. Gallois, *La Bourse*, Le Monde-Éditions, 1995.

H. Geman et M. Yor, « Bessel processes, Asian options and perpetuities, *Math. Finance*, 3, n° 4, 1993.

J. Généreux, *Introduction à la politique économique*, Seuil, 1993.

R. Gibson, *L'Évaluation des options*, PUF, 1993.

R. Gillet, « Efficience informationnelle du marché boursier : vérification empirique et implications théoriques », *Recherches économiques de Louvain*, 3, 1991.

P.-N. Giraud, *L'Inégalité du monde*, Gallimard, 1996.

Ch. Gouriéroux, *Modèles Arch et applications financières*, Économica, 1992.

P. Grandin, *Production d'informations privées et gestion de portefeuille*, PUF, 1995.

Th. Granger, *Micro-économie financière*, Économica, 1994.

Y. Guéna, *La Réforme de 1996 des institutions de l'Union européenne*, t. I et II, Rapport du Sénat n° 224, 1994-95.

R. Guesnerie, *L'Économie de marché*, Flammarion, Dominos, 1996.

C. Hersent et Y. Simon, *Marchés à terme et options dans le monde*, Dalloz, 1989.

C. Huang and R. H. Litzenberger, *Foundations for Financial Economics*, North Holland, 1988.

J. C. Hull, *Options, Futures and Other Derivative Securities*, Prentice-Hall, 1993.

INSEE, *Tableaux de l'économie française*, 1995-1996.

B. Jacquillat et J.-M. Lasry, *Risques et enjeux des marchés dérivés*, PUF, 1995.

G. Jorland, *Les Paradoxes du capital*, Odile Jacob, 1995.

J.-P. Kahane, « Le mouvement brownien », *Actes du colloque J. Dieudonné*, Nice, 1996.

J.-F. Kahn, *La Pensée unique*, Fayard, 1995 ; « Anatomie de la " pensée unique " », *Le Débat*, n° 88, 1996.

J. M. Keynes, *General Theory*, Mac Millan & Co, 1935 ; trad. fr. *Théorie générale de l'emploi de l'intérêt et de la monnaie*, Payot, 1969.

M. A. Kleinpeter et Ph. Cahen, « L'analyse technique des marchés », *Accélérations*, octobre 1995.

S. C. Kolm, *Les Choix financiers et monétaires*, Dunod, 1967.

D. Lacoue-Labarthe, *Analyse monétaire*, Dunod, 1980.

D. Lamberton et B. Lapeyre, *Introduction au calcul stochastique appliqué à la finance*, Ellipses, 1991.

L. Lamprière, « Ces scientifiques new-look qui envahissent Wall Street », *Libération*, 5 novembre 1996.

B. Larre, « L'économie mexicaine depuis 1982 », *Observateur de l'OCDE*, octobre-novembre 1992.

F. Lordon, « La rationalité en question », *Cahiers français*, n° 272, juillet-septembre 1995 ; « Marchés financiers, crédibilité et souveraineté », *Revue de l'OFCE*, juillet 1994 ; *Les Quadratures de la politique économique*, Albin Michel, 1997.

A. G. Malliaris et W. A. Brock, *Stochastic Methods in Economics and Finance*, North-Holland, 1982.

J.-Cl. Masclet, « Où en est l'Europe politique ? », *Problèmes économiques*, n° 721-722, février 1994.

F. Mayor et A. Forti, *Science et pouvoir*, UNESCO-Maisonneuve et Larose, 1996.

R. C. Merton, *Continuous-time Finance*, Basil & Blackwell, 1990.

F. Milewski, « Taux de change et taux d'intérêts : les contraintes de la politique du franc », in *L'État de la France 95-96*, La Découverte-Crédoc, 1995.

OCDE, *Risques systémiques dans les marchés de valeurs mobilières*, 1991 ; *Nouveaux Défis pour les banques*, 1992.

A. Orléan, « Les désordres boursiers », *La Recherche*, n° 232, mai 1992.

O. Piot, *Finance et économie, la fracture*, Le Monde-Éditions, 1995.

H. Ploix, « Éthique et marchés financiers », intervention au colloque *Risques et Enjeux des marchés dérivés*, Paris, 1995.

G. Prat, « La formation des anticipations boursières », *Économie et prévision*, n° 112, 1994.

R. Radner, « Existence of equilibrium of plans, prices and prices expectations in a sequence of markets », *Econometrica*, 40, 1992.

N. Regnier, *Les Nouveaux Produits financiers*, La Découverte, 1988.

D. Revuz et M. Yor, *Continuous Martingales and Brownian Motion*, Springer, 1990.

Ph. Richard et Ph. Jeanne, « Monétarisme et risque social », *Le Monde*, 23 mai 1995.

P. Riché et Ch. Wyplosz, *L'Union monétaire de l'Europe*, Seuil, 1993.

S. Ross, « The arbitrage theory of capital asset pricing », *J. of Economic Theory*, 13, 1976.

J. Saint-Geours, « Des milliards sans frontières », *Le Monde des débats*, avril 1995.

P. Salmon, « Les raisonnements non mathématiques ont-ils encore une place dans l'analyse économique ? », *Problèmes économiques*, n° 2444-2445, novembre 1995.

R. J. Schiller, *Market Volatility*, MIT Press, 1969.

A.-D. Schor, *La Monnaie unique*, PUF, Que sais-je, 1995.

Y. Simon, *Les Marchés à terme de taux d'intérêt*, Économica, 1994.

G. Soros, *Le Défi de l'argent*, Plon, 1996.

C. Stricker, « Arbitrage et lois de martingale », *Ann. Inst. H. Poincaré*, 26, 1989.

V. Tanzi, « La corruption, les administrations et les marchés », *Finance et Développement*, décembre 1995.

L. Tvede, *La Psychologie des marchés financiers*, SEFI, 1994.

P. Veltz, *Mondialisation, villes et territoires, l'économie d'archipel*, PUF, 1996.

X. de Villepin, *La Marche vers la monnaie unique*, Rapport du Sénat n° 228, 1994-95.

B. Walliser, *Anticipations, équilibres et rationalité économique*, Calmann-Lévy, 1985; *L'Intelligence de l'économie*, Odile Jacob, 1994.

Cl. Zaslavsky, *L'Afrique compte! Nombres, formes et démarches dans la culture africaine*, Éd. du Choix, 1995.

Index

Table

PREMIÈRE PARTIE
Martingales

DEUXIÈME PARTIE

La couverture des options :
une rupture épistémologique

TROISIÈME PARTIE

Science et spéculation

QUATRIÈME PARTIE

Les enjeux et les mises

Table 221

Cet ouvrage a été réalisé par la
SOCIÉTÉ NOUVELLE FIRMIN-DIDOT
Mesnil-sur-l'Estrée
pour le compte des Éditions Odile Jacob
en janvier 1998

Imprimé en France
Dépôt légal : janvier 1998
N° d'édition : 2-7381-0542-X – N° d'impression : 40901